Luitgardis Parasie
Jost Wetter-Parasie

Sternstunden im Alltag

Zuversicht wecken, Widerstandskraft stärken

12 Bausteine für mehr Resilienz

BRUNNEN
Verlag GmbH · Giessen

Luitgardis Parasie, geb. 1954, ist evangelische Pastorin, Familientherapeutin und Autorin.
Jost Wetter-Parasie, Dr. med., geb. 1953, studierte evangelische Theologie und Medizin und arbeitet als Arzt für Allgemeinmedizin und Psychotherapeut in eigener Praxis in Northeim. Sie haben einen erwachsenen Sohn und zwei erwachsene Töchter. Gemeinsam haben sie schon mehrere Bücher zu Ratgeberthemen geschrieben.

Die zitierten Bibelverse sind folgender Übersetzung entnommen:

Lutherbibel, revidiert 2017, © 2016 Deutsche Bibelgesellschaft, Stuttgart

MIX
Papier | Fördert gute Waldnutzung
FSC® C083411

Lektorat: Stefan Loß
Umschlagfoto: Adobe Stock
Umschlaggestaltung: Jonathan Maul
Druck: CPI GmbH, Leck
ISBN-Buch: 978-3-7655-2168-3
ISBN-E-Book: 978-3-7655-7844-1
www.brunnen-verlag.de

Inhalt

Einleitung

Tobias war zu Besuch. Er ist der Mann unserer Nichte Juliane, die beiden haben vier Töchter. Wir kamen über unser Buchprojekt ins Gespräch. „Sternstunden, da klingelt's sofort bei mir", sagte er. „Dazu haben wir ein Ritual in der Familie. Wir schneiden Sterne aus, und dann setzen wir uns zusammen und jede schreibt ihre Sternstunden auf. Danach lesen wir sie uns vor. Ihr solltet mal sehen, wie die Gesichter strahlen. Das macht richtig glücklich." – „Was schreibt ihr denn so auf?", wollte ich wissen. „Z. B. Zelten mit einer befreundeten Familie an einem Wochenende. Wandern in den Alpen und übernachten in einer Hütte, wir alle zusammen. Ein Winterpicknick im Wald. Der erste Kindergartentag von unserer Tochter Frieda. Eine Nacht in der Backstube helfen, bei einem befreundeten Bäcker. – Jedes Jahr an Silvester lesen wir noch mal alle Sternstunden vor. Wir werden dann so dankbar. Und es gibt uns ganz viel Zuversicht für das neue Jahr." Was für ein tolles Projekt.

Ihre Generation habe keine Idee von Zukunft, meint die Schriftstellerin Ronja von Rönne, geboren 1992. Die Kriege, die Klimakrise, all das habe ihnen komplett die Zuversicht genommen. Es scheine, als laufe die Welt auf einen Abgrund zu. Zuversicht zu haben, das wäre für sie ein Traum, sagte sie in der Zeitschrift Chrismon.[1] Sie glaubt nicht, dass dieser Traum erfüllt wird. Aber sie will sich trotzdem entsprechend verhalten.

Ein starker Vorsatz: Ich bin zwar skeptisch, aber ich handle einfach mal so, dass Zuversicht entstehen kann.

Wie funktioniert das? Wie kann Zuversicht geweckt werden? Darum geht es in diesem Buch. Es zu schreiben, war uns ein Herzensanliegen. Denn wir finden, es gibt gute Gründe, zuversichtlich zu sein. Und gutes Handwerkszeug, um es zu werden. Davon erzählen wir.

Und von kleinen und großen Sternstunden. Wir finden, sie sind wunderbar geeignet, Zuversicht zu befördern. Es gibt ja nicht nur die großen „Sternstunden der Menschheit“[2]. Sondern auch kleine Sternstunden im Alltag, wie bei Tobias und Juliane. Wir können lernen, den Blick dafür zu schärfen. Sie zu entdecken und zu feiern, das lässt Augen leuchten und gibt Zukunftsmut. Denn wenn etwas in der Vergangenheit gut gelungen ist, warum sollte Ähnliches nicht auch künftig klappen? Die Tools, die wir einmal erfolgreich angewendet haben, die können wir doch auch in Zukunft nutzen.

Und das wiederum stärkt unsere Resilienz. Ein Modewort für die einen, anderen ganz unbekannt. Was ist damit gemeint? Resilienz wird häufig mit Widerstandskraft erklärt, aber es ist mehr. Eher wie das Verhalten von gesunden Bäumen: Sie sind fest verwurzelt in der Erde. Aber sie sind auch flexibel. Im Wind biegen sie sich und zerbrechen nicht so leicht. Sie haben einen festen Standpunkt und reagieren zugleich gut angepasst auf die jeweilige Situation.

Also: Sternstunden zu entdecken, fördert unsere Zuversicht, und wer zuversichtlich ist, wird resilienter. Wir haben in unseren Berufen als Pastorin und als Arzt viele Menschen kennengelernt, die resilient sind oder es geworden sind. Und so erzählen wir von Torsten, der kurz vor einer Herztransplantation stand und sehr verzweifelt war – und dann geschah ein Wunder. Von Angelika und Paul, die ihren Traum verwirklichten und unerwartet noch ein großes Geschenk dazubekamen. Von Ellen, deren Krebs breit gestreut hatte und die selbstbewusst sagte: „Ich sterbe nicht am Krebs!“ Danke an alle, die uns erlaubt haben, ihre Geschichte hier zu teilen. Wir erzählen auch von uns selbst, von eigenen Krisen und Sternstunden.

Der Glaube an Gott kann Zuversicht und Resilienz fördern. Viele biblische Geschichten beschreiben das. Wir haben einige davon für dieses Buch ausgewählt. Es geht schon bei Abraham los. Er hatte Phasen, da ging es ihm schlecht. Da verrannte er sich. Zweifelte. Eines Nachts ließ Gott ihn die Sterne beobachten und sprach ihm Mut zu. Abraham wurde ganz warm ums Herz, seine Zuversicht wurde gestärkt – die erste Sternstunde der Bibel.

Resilienz kann von Kindheit an aufgebaut werden. Wie das gelingt, das schreibt unsere Gastautorin Mareike Fell. Ich habe sie – wo sonst – auf einem Resilienz-Kongress kennengelernt und mag ihre direkte Art.

Für die kritische Durchsicht des Manuskripts und hilfreiche Hinweise danken wir sehr herzlich:

Dr. Martin Grabe, Psychiater und Psychotherapeut, ärztlicher Direktor der Klinik Hohe Mark in Oberursel,

Dr. Susanne Barth, Pastorin in Northeim,

unserer Tochter Nora Parasie, Lehrerin in Hamburg.

Außerdem danken wir herzlich unserem Lektor Stefan Loß. Lieber Stefan, die Gespräche mit dir sind immer lustig, kritisch, inspirierend. Für den Themenkreis Sternstunden – Zuversicht – Resilienz hast du dich sofort begeistert, und das mit dir zu entwickeln, hat Spaß gemacht. Du hast selbst erlebt, dass einem Zuversicht oft nicht einfach in den Schoß fällt. Du bist eben auch ein Kämpfer.

Das Buch ist ein Gemeinschaftswerk. Wir beide berichten aus unserer Praxis als Pastorin und Familientherapeutin sowie als Arzt und Psychotherapeut. Der besseren Übersichtlichkeit halber haben wir die Beiträge jeweils mit einem Kürzel markiert:

LP – Luitgardis Parasie

JWP – Jost Wetter-Parasie

Und nun lesen Sie selbst: 12 Kapitel Zuversicht, 12 Bausteine für mehr Resilienz – und 12 x 12 Sternstunden im Alltag. Gehen Sie mit uns auf Entdeckungsreise.

1. Sinn beflügelt

Früher war ich ein harter Hund

Der 57-Jährige saß vor mir (LP) und war verzweifelt. „Mein Herz und meine Lunge funktionieren nicht mehr. Die Ärzte reden von einer Herz-Lungen-Transplantation. Ich bin völlig fertig und dachte, ich muss unbedingt mit jemandem reden."

Zwei Familienangehörige von Torsten sind an Herzkrankheiten gestorben, einer mit 35, ein anderer mit 40. „Beide waren Sportler, hatten nie was gehabt. Und meine Mutter starb mit 65." Torsten war also vorgewarnt. Die Ärzte sagten, er müsse auf sich achten. Mit 43 bauten sie ihm einen Defibrillator ein. Lange merkte er nichts – „Ich dachte schon, das Ding ist kaputt" –, aber mit 55 wurde ihm im Büro auf einmal schwarz vor Augen, er kippte um, der Defi ging an. Einige Zeit später passierte es morgens um 6, ein lauter Knall, „und es hörte nicht auf, vier Mal hat der Defi ausgelöst. Bis der Notarzt kam und mich ins Krankenhaus brachte." Doch trotz Behandlungen und Medikamenten wurde Torstens Herzleistung zunehmend schlechter, er wurde von einem Arzt zum anderen und von einer Klinik in die andere geschickt. Schließlich wurde ihm ein brandneues Gerät eingebaut, eine Art Defi, kombiniert mit einer Unterstützung für das schwache Herz, und seitdem ging es ihm körperlich besser. „Aber nicht im Kopf", sagte er, „die Angst ist immer da, und alle sagen ja ständig: ‚Pass auf, lass dieses, mach jenes nicht, streng dich bloß nicht zu sehr an, das ist gefährlich.' Das macht mich verrückt." Und deshalb kam er zu mir.

Zwei Jahre später treffe ich Torsten wieder. Er wirkt dynamisch, strahlt Energie aus. „Was ist denn mit Ihnen passiert?", frage ich. „Unser Gespräch hat einen Schalter in meinem Kopf umgelegt", sagt er. „Sie haben mich gefragt, wie ich zu Gott stehe. Ich bin ein ziemlich gläubiger Mensch. Kein praktizierender – ich gehe nicht in die Kirche. Aber ich rede mit Gott. Und das habe ich dann neu aktiviert. Ich habe Zwiegespräche mit Gott geführt über den Sinn dessen, was mit mir passiert. Geholfen hat mir auch das Lied von Felix Mendelssohn-Bartholdy, das Sie mir empfohlen hatten zu hören: ‚Denn er hat seinen Engeln befohlen über dir, dass sie dich behüten.' Es tut meiner Seele gut. Und dann hatten Sie mir von dem Film ‚Die Hütte' erzählt. Über einen tieftraurigen Mann, der sein Kind verloren hat und der mit Gott hadert. Ich hab den Film angeguckt. Mit diesem Mann, der verzweifelt nach dem ‚Warum' fragt, konnte ich mich total identifizieren. Wie das in dem Film aufgerollt wird, im Gespräch mit Gott, mit Jesus, das hat mich bewegt. Und es hat in mir die Hoffnung bestärkt: Was auf mich nach dem Tod wartet, ist sehr schön.

Und eines Tages ist mir Gott begegnet. Ich saß in Hannover auf einer Bank, plötzlich setzt sich ein Mann neben mich, spricht mich mit meinem Namen an und sagt: ‚Ich hoffe, dir geht's gut. Du brauchst dir keine Sorgen zu machen.' Dann stand er auf und ging. Ich war einfach überwältigt. Da sagt mir einer im Namen Gottes: ‚Für dich ist die Zeit noch nicht da.' Das Gleiche habe ich in der Türkei noch mal erlebt. Ist das nicht irre? Ich bin Gott so wichtig, dass er mir eine persönliche Botschaft schickt. Jedenfalls, seitdem hat sich mein Zustand extrem gebessert."

Torsten wurde aktiv. Er fährt viel Fahrrad, geht regelmäßig zur Herzsportgruppe – und wollte jetzt auch etwas für andere Menschen tun. Als einziger Mann arbeitet er im Krankenhaus bei den „Grünen Damen und Herren" mit. Besucht Kranke auf den Stationen, fragt, was er für sie tun kann. „Das weitet sich immer mehr aus, inzwischen besuche ich auch alte Damen im Altersheim. Rede mit ihnen, spiele mit ihnen Karten. Eigentlich mach ich da ja nichts Besonderes, aber die sind so dankbar. Ich bekomme ganz viel zurück, Herzenswärme. Erlebe mich als so selbstwirksam. Meine Freunde fragen dauernd: ‚Machst du das umsonst?‘ Wissen Sie, die kennen mich ganz anders. Ich hatte eine leitende Position in der Wirtschaft, war ein Businessman, echt ein harter Hund. Aber jetzt kann ich auf einmal meine weiche Seite zulassen und zeigen. Manchmal weine ich, ich bete auch oft. Ich habe so einen inneren Frieden.

Neulich hab ich ein Ehepaar im Krankenhaus besucht, die Frau lag im Sterben und es war tief ergreifend, wie der Mann sich um sie kümmerte. Er sagte zu mir ganz traurig: ‚Wir waren immer aktiv in der katholischen Kirche, aber jetzt kommt keiner von denen.‘ Da hab ich von zu Hause aus direkt bei der Kirche angerufen. Als ich eine Woche später wieder da war, strahlte der Mann und sagte: ‚Die waren alle da von der Kirche!‘ Ich hab ihnen dann noch ein spirituelles Gedicht aus Persien vorgelesen. Das Gesicht des Mannes hat so geleuchtet. Und ich hatte ganz stark das Gefühl: Was ich da tue, ist so sinnvoll.“

„Super“, sage ich, „aber Sie brauchen gar nicht immer den Pastor zu rufen, Sie können auch mal selber mit den Leuten das Vaterunser beten.“ Er guckt mich erstaunt an und fragt: „Darf ich das denn?“ – „Wieso denn nicht?“, sage ich, „das Gebet hat uns doch Jesus beigebracht, das darf jeder beten.“ – „Das ist ein ganz neuer Gedanke für mich, aber vielleicht probier ich das tatsächlich mal aus“, meint er. Wie ich ihn kennengelernt habe, wird er das tatsächlich machen.

Torsten hat auch noch ein weiteres Projekt in der Pipeline: „Ich bin ja im Verein ‚Senioren heute‘, und viele von denen haben keine Ahnung von Handy und Computer. Vielleicht biete ich da mal einen Kurs an.“

Wo ist der Sinn?

Ich bin völlig geflasht von Torstens Geschichte. Und davon, was unser erstes Gespräch angestoßen hat. Nie hätte ich gedacht, dass es so einschlägt. Und so eine nachhaltige Wirkung hat. Eine Sternstunde meiner Beratungen – aber ich hatte es zu dem Zeitpunkt gar nicht gemerkt.

Wie schön, dass ich nun die Fortsetzung erfahren habe. Das zeigt mir: Meine Arbeit ergibt Sinn.

Es muss ja gar nicht immer das einstündige Beratungsgespräch sein. Selbst kurze Begegnungen können sinnstiftend gestaltet werden. Eine kleine Ermutigung, ein Kompliment, ein verständnisvoller Satz – und es verändert sich etwas, zaubert ein Leuchten in die Augen. Beim Partner oder der Partnerin, bei der Kassiererin im Supermarkt, dem Kollegen oder der Reinigungskraft in der Firma. Und das fällt positiv auf uns zurück und lässt uns spüren: Ich bin wichtig für andere.

Was aber Torsten betrifft: Er hat keine Antwort darauf gefunden, warum er so krank geworden ist. Aber er hat einen Sinn gefunden. Zum einen im erneuerten Glauben an Gott. In der Gewissheit: Gott sieht mich, ich bin ihm so wichtig, dass er persönlich Kontakt zu mir aufnimmt. Und in der Zuversicht: Was nach dem Tod auf mich wartet, wird sehr schön sein.

Zum anderen darin, dass er etwas für andere tut. Wenn er über seine Arbeit bei den „Grünen Damen und Herren“ spricht, strahlt er. Er erlebt sich als hoch selbstwirksam, hat immer neue Ideen, und er bekommt ganz viel zurück. Das macht ihn glücklich – und gesünder.

Lange Zeit war Sinn kein Thema in der Psychotherapie. Vor 40 Jahren machte ich (JWP) die Ausbildung zum Psychotherapeuten. Damals lernten wir, dass wir nicht zuständig seien für den Sinn des Lebens. Das sei eher bei der Religion angesiedelt. Mittlerweile hat sich das komplett verändert. Der Sinn ist wieder da. 2022 fand ein großer psychologischer Kongress unter dem Titel „Sinn beflügelt – The power of meaning“ in Graz statt.

Sinn und Zuversicht hängen eng zusammen. Albert Einstein meinte: Menschen, die ihr eigenes Leben als sinnlos empfinden, sind unglücklich, ja sogar kaum lebensfähig. Umgekehrt kann man sagen: Wer einen Sinn gefunden hat, der entwickelt auch eher Zuversicht und Resilienz.

In Krisen fragen Menschen häufig: Wofür lebe ich eigentlich? Wer interessiert sich für mich? Ich höre das oft in der Psychotherapie.

Der Dichter und Seemann Gorch Fock, nach dem das frühere Schulschiff der Bundesmarine benannt ist, war überzeugt: Das Meer sei in Gottes Hand nur eine Pfütze. Wenn sein Schiff darin versinken würde, dann wäre er bei Gott geborgen. Sinn und Zuversicht fand er in diesem Glauben.

Da sagt mir ein älterer Patient nach dem plötzlichen Tod seiner Frau: „Ich weiß, dass Gott für jeden Menschen den Zeitpunkt bestimmt, an dem er diese Welt verlassen muss. Andererseits frage ich mich immer wieder: ‚Warum musste meine Frau gerade jetzt gehen?'“ Es fällt ihm schwer, den Schicksalsschlag zu verstehen, und zugleich fühlt er sich in Gottes Plan geborgen.

Sinn ist mehr als Glück. Er stellt mein Leben unter einen weiten Horizont. Sinn ist Glück mit Aussicht.

Sinn toppt Glück

„Endlich wieder Wohlbefinden und Sinnerleben für mich, meine Familie und meinen Beruf – wieder Lust aufs Leben!“, so wirbt ein Psychotherapeut für sein Wochenendseminar.

Vor zehn Jahren war Glück noch ein vorherrschendes Thema in Psychotherapie und Beratungsbüchern. Heute geht es zunehmend um den Sinn. Sinn schlägt Glück.

Einer der Vorreiter dafür war Viktor Frankl. Der Wiener Psychiater ist der Begründer der Logotherapie. Das bedeutet: Therapie durch Sinnsuche. Wegen seiner jüdischen Herkunft war er drei Jahre im Konzentrationslager inhaftiert gewesen (1942–1945). Und trotzdem – oder gerade deshalb – war er überzeugt: Selbst in ausweglosen Situationen können Menschen ihrer Lage einen Sinn abgewinnen. Frankls meist verkauftes Buch hat den Titel: „Trotzdem Ja zum Leben“[3]. Es hat eine

Gesamtauflage von über 9 Millionen und wurde in 20 Sprachen übersetzt.

Frankl begibt sich mit seinen Klienten auf die Suche: Was ist der Sinn in meiner jetzigen Situation? Wer das herausfindet, kann sich orientieren. Und dann auch zuversichtlich werden, meint Frankl.

Die Innsbrucker Professorin Tatjana Schnell nahm kürzlich diesen Faden wieder auf. Sie hat ein Buch geschrieben mit dem Titel: „Psychologie des Lebenssinns". Fragen wie: „Woher komme ich?", „Wozu bin ich hier?", „Wohin gehe ich?" seien für viele Menschen zentral, meint sie.[4]

Sie fand 26 verschiedene Wege zum Sinn. Ganz oben bei den Top Ten: etwas von bleibendem Wert tun. An zweiter Stelle: etwas für andere Menschen tun. Und an dritter Stelle: Religiosität. Der Glaube an Gott spielt dabei eine wichtige Rolle.

Tatjana Schnell hat diese Erkenntnis ganz praktisch umgesetzt. Sie entwarf mit einem Kollegen Karten: 26 Vorschläge, um Sinn zu finden. Der Klient soll sich die fünf Karten heraussuchen, die für ihn oder sie am passendsten scheinen. Nr. 1 lautet zum Beispiel: „In meinem Leben sind Religion und Glaube ein wichtiger Bestandteil." Nr. 21: „In meinem Leben spielen Humor und Vergnügen eine große Rolle. Fröhlichkeit und Heiterkeit machen mein Leben lebenswert." Nr. 24: „Es bedeutet mir sehr viel, für andere da zu sein und mich um sie zu kümmern. Ich helfe, wenn man mich braucht." Diese Impulse sind ein guter Einstieg, um über Sinn ins Gespräch zu kommen.

Sinnerfüllte Menschen sind hoffnungsvoll und optimistisch, meint Tatjana Schnell. Sterben und Tod können sie besser akzeptieren. Sie ordnen das, was sie erleben, in einen größeren Zusammenhang ein. Auch Ereignisse, die andere einfach als Zufall ansehen.

Die genannten Beispiele zeigen: Es ist wertvoll, über den Sinn des eigenen Lebens nachzudenken, und es hilft dabei, Resilienz zu entwickeln.

Alles Zufall?

Dass ich (JWP) direkt im Anschluss an das erste theologische Examen einen Studienplatz in Medizin bekam, war für mich kein Zufall, sondern Gottes Fügung. Denn Theologie interessierte mich zwar sehr, aber als Pastor sah ich mich nicht.

Ich studierte in Heidelberg, meine Frau machte ihr Vikariat in Göttingen. Seit sechs Monaten pendelte ich nun jede Woche zwischen Heidelberg und Göttingen. Mehrmals hatte ich mich um einen Medizinstudienplatz in Göttingen beworben, aber es klappte nicht. In zwei Wochen begann das nächste Semester. Ich war die weiten Fahrten und die Wochenendehe leid, überlegte schon, doch Pastor zu werden. Wenige Tage vor Semesterbeginn meldete sich auf einmal jemand, der an mehreren Unis auf einen Studienplatz geklagt hatte. Gerade hatte er die Nachricht bekommen, dass seine Klage in Göttingen erfolgreich war und er dort studieren könnte. Er wollte aber nach Heidelberg. Es war möglich, Studienplätze zu tauschen, wenn man einen passenden Tauschpartner hatte. Den hatte ich nun auf einmal. Was für ein unerwartetes Glück. Ein Zufall? Ich war mir sicher: Da hatte Gott seine Hand im Spiel und bestätigte meinen Weg.

Gläubige Menschen deuten das Wort Zufall oft als „von Gott zugefallen“. Andere sehen darin kleine Erleuchtungen – so Theodor und Angela Seifert in ihrem Buch „So ein Zufall“[5]. Zufällen einen Sinn zuzuordnen, mache das Leben reicher, meinen sie.

Eine mystische Erkenntnis sagt: „Nur wo das Herz leer ist, kann Gott einziehen. Still werden, zur Ruhe kommen, beten. Das hilft, Fingerzeige Gottes zu erkennen und einzuordnen.“ Und zu entdecken: Ich bin sinnvoll unterwegs.

Vom Nullpunkt zum Pluspunkt

Auch ein simpler Parkschein kann ein Fingerzeig Gottes sein:

Ein verregneter Nachmittag im Dezember. Ich (LP) parke in der Stadt, will nur schnell ein Buch abholen. Eine Frau kommt auf mich zu. „Sie können meinen Parkschein haben, der gilt noch zwei Stunden." Oh, danke. Ich nehme ihn. Aber eigentlich brauche ich ihn nicht, für mein Buch benötige ich nur fünf Minuten. Auf dem Weg zum Buchladen überlege ich: Warum will Gott, dass ich zwei Stunden in der Stadt verbringe? Auf einmal fällt mir Frau Wolf ein, eine 90-jährige Bekannte. Vor einiger Zeit hatte sie einen Oberschenkelhalsbruch. Es folgten OP, Reha, jetzt ist sie wieder zu Hause. Ihren Laptop hatte sie immer mit und hatte mich per E-Mail auf dem Laufenden gehalten. Nun habe ich länger nichts von ihr gehört. Sie wohnt um die Ecke. Kurz entschlossen kaufe ich Plätzchen und gehe bei ihr vorbei. Es dauert lange, bis sie öffnet. „Ich bin heute am Nullpunkt", sagt sie. „Das wird doch nichts mehr mit mir. Und diese Adventszeit zieht mich nur runter." Wir zünden eine Kerze an, reden. Öffnen die Plätzchentüte, riechen Vanilleduft. Ich bete einen Psalm mit ihr: „Woher kommt mir Hilfe? Meine Hilfe kommt vom Herrn, der Himmel und Erde gemacht hat." – „Ach", sagt sie, „das ist doch diese andere Ebene, die wir brauchen." Sie stößt einen Seufzer aus. „Jetzt kann Weihnachten kommen." Abends bekomme ich eine E-Mail: „Danke für Ihren lieben Besuch. Er hat mich herausgeholt aus meinen Nullpunktgedanken. Mein Traum ist jetzt: den Nullpunkt verwandeln zum Pluspunkt."

Sinn und Berufung

Sinn hat auch mit Berufung zu tun. Menschen, die sich zu etwas berufen fühlen, haben meist keine Probleme mit fehlendem Sinn. Aber was, wenn man seine Berufung verloren hat?

Als ich 40 war, wollte ich nicht mehr Pastorin sein. Ich dachte: Dieser Beruf laugt dich so sehr aus, er frisst dich mit Haut und Haar, kostet so viel Herzblut, mach lieber etwas weniger Aufregendes. Ich habe dann einiges ausprobiert: an der Berufsschule unterrichtet, in der Arztpraxis meines Mannes an der Anmeldung gearbeitet, eine Ausbildung zur Familientherapeutin gemacht. Außerdem habe ich immer wieder mit dem Journalismus geliebäugelt, Zeitungsartikel und Bücher geschrieben. Das hat mich sehr bereichert und viel Spaß gemacht. Aber nichts hat mich so gepackt, dass ich es den ganzen Tag hätte machen wollen.

Nach fünf Jahren des Rumprobierens hat Gott mich mit der Nase darauf gestoßen: Pastorin – das ist deine Berufung. Die neue Pfarrstelle wurde mir quasi auf dem Silbertablett serviert. Und Gott hat mir Leute an die Seite gestellt, die mit mir Visionen entwickelt und sie umgesetzt haben. Wir machten Kinderbibelwochen, Jugendmusicals, Glaubenskurse. Menschen entdeckten den Glauben neu und wurden froh darüber. Ich spürte: Dieser Job, das ist wirklich genau meins. Ich fand meine Arbeit so sinnvoll.

Auch die Berufungsgeschichten in der Bibel liefen nicht immer glatt durch. Das geht schon bei Abraham los, gleich am Anfang der Bibel.

Alles aufgeben?

Abraham lebte in Ur in Chaldäa, einer Stadt nahe am Persischen Golf. Ur war eine reiche, ausgedehnte Handelsstadt. Durch sieben Tore führten Straßen in alle Himmelsrichtungen. Waren und Schätze wurden da transportiert. Man lebte dort in behaglicher Wohnkultur, hatte stattliche Häuser, z. T. mit zehn bis 12 Wohnräumen, luxuriös ausgestattet mit Polsterstühlen, Teppichen, hölzernem Schnitzwerk und Mosaiken. Die Menschen waren gebildet, es gab wunderbare Dichtungen und Kunstwerke. Die Bewohner von Ur beteten den Mond an. Bei Neumondfesten ging es dort hoch her. Auch Religion war also reichlich vorhanden. Man hatte Tempel in Form künstlicher Berge, auf ihren Terrassen wuchs üppiges Grün. Der Mond, den man anbetete, war im Gegensatz zur sengenden Hitze des Tages der kühle, milde Beherrscher der Nächte. Mit dem einzigen, unsichtbaren Gott, dem Schöpfer des Himmels und der Erde, hatte man nicht viel im Sinn.

Eines Tages redete Gott zu Abraham. Warum ausgerechnet zu Abraham, erfahren wir nicht. Wir wissen nichts von ihm, außer dass sein Vater gerade gestorben war, dass er eine Frau hat namens Sara, mit der er keine Kinder bekommt, und einen Neffen, der Lot heißt.

„Und der Herr sprach zu Abraham", heißt es knapp am Anfang der Geschichte. Das ist ja eigentlich schon der erste Hammer. Wie hat er das gemacht? Und woran hat Abraham das gemerkt? Doch bestimmt nicht, indem er eine Stimme hörte oder ein Zettel vom Himmel fiel. Wie redet Gott zu Menschen? In vielen biblischen Geschichten spricht er durch Träume. Und heute? Durch einen Bibelvers, durch einen anderen Menschen, durch Ereignisse? Ich habe das mal so erlebt:

Ich hatte mich zu einer Fortbildung angemeldet, für die ich über zwei Jahre verteilt mehrere Wochen in einem kirchlichen Bildungszentrum verbringen musste. Ich war mit meinem Lieblingskollegen dort, wir hatten es wirklich nett – doch nach der ersten Woche dachte ich: „Na ja, inhaltlich lerne ich eigentlich nichts Neues, das meiste habe ich schon gelesen und in der Gemeinde ausprobiert, soll ich hier wirklich weitermachen?" Aber mein Mann meinte: „Ist doch super, Fortbildung, von der Kirche bezahlt, sieh es einfach entspannt und nimm es als Wellnesstage." Fand ich cool, und ich meldete mich also nicht ab. Am Wochenende vor der zweiten Kurseinheit bekam ich hohes Fieber (ich habe fast nie Fieber). Ich schrieb meinem Kollegen, dass ich statt am Montag erst am Mittwoch kommen würde. Aber am Mittwoch hatte ich immer noch Fieber und fühlte mich elend. Ich konnte also an dieser Kurseinheit gar nicht mehr teilnehmen. Und das brachte mich noch mal ins Grübeln. Ich fragte einen befreundeten Seelsorger, und der sagte: „Wie soll Gott denn sonst zu uns reden, wenn nicht auch durch solche Umstände?" Und das bestärkte mich darin, mich von der Fortbildung abzumelden.

In diesem Fall hat Gott also zuerst durch meinen Eindruck bei der ersten Kurswoche und dann durch die Umstände zu mir geredet, verstärkt durch das klare Statement des Seelsorgers.

Wie es bei Abraham war, wissen wir nicht. Aber die Bibel geht ganz selbstverständlich davon aus, dass Gott zu Abraham geredet hat und dass Abraham auch genau verstanden hat, was Gott von ihm wollte.

Und das war heftig. Ein radikaler Schnitt. „Geh aus deiner Verwandtschaft, und aus deines Vaters Hause in ein Land, das ich dir zeigen will." Wir wissen nicht, ob das bei Abraham offene Türen aufstieß. Ob er vielleicht schon manchmal insgeheim gedacht hatte: „Ich bin reich, gut situiert, gesund – aber war das alles im Leben? Oder kommt da noch etwas? Ich habe keine Kinder, was bleibt von mir?" Vielleicht war Abraham in seinem Herzen bereit, etwas zu ändern. Das ist ja oft so, dass eine neue Herausforderung auf eine vorbereitete Situation trifft. Auf eine Situation, in der Menschen dafür empfänglich sind. Aber gleich eine so große? Was haben Abrahams Nachbarn wohl zu seinem Schritt gesagt? „Wohin gehst du, Abraham? Hast du eine Ölquelle entdeckt? Einen besonders ergiebigen Brunnen, den es sich auszubauen lohnt zu einem Handelszentrum?" Die dachten doch, er ist verrückt. Denn schließlich hatte Abraham alles, was er zu seinem Auskommen brauchte, und äußerlich bestand nicht der geringste Anlass, etwas zu ändern. Außerdem war der Mann 75 Jahre alt. Was also soll er seinen Nachbarn sagen? „Gott hat mir versprochen: Er will mir neues Land geben, mich segnen und mich zum großen Volk machen." „Zum großen Volk, Abraham? Du hast sie wohl nicht mehr alle. Deine Frau Sara ist unfruchtbar, das Thema habt ihr doch wohl durch. Und der Segen Gottes, was ist das? Was bringt das ein?"

Was hat Abraham in der Hand? Gar nichts als nur die drei Versprechen Gottes: Land, Kinder, Segen.

Stellen wir uns doch einmal vor, die Geschichte Abrahams wäre so verlaufen: Gott ruft Abraham und Abraham hört dies in seinem Herzen. Er antwortet auch darauf und sagt: „Ja, Gott, ich vertraue dir. Ich glaube, dass du das alles machen kannst. Aber was mich betrifft, will ich lieber hier in meiner Heimat bleiben und mein bisheriges Leben weiterführen." Was wäre aus Abraham geworden, wenn seine Geschichte so verlaufen wäre? Vielleicht auch ein anständiger Mensch, aber kein Vater des Glaubens. Er wäre seiner Berufung nicht gefolgt.

Schon krass von Abraham, mit 75 Jahren alles aufzugeben und auszuwandern. Aber Abraham packt es dermaßen, dass er das tatsächlich macht. Ich weiß nicht, ob seine Frau Sara so entzückt war. Jedenfalls: Abraham kam irgendwann nach langer Reise im Land Kanaan an, dem heutigen Israel. Spürte, hier ist das Land, das Gott mir geben will. Nun, dieses Versprechen Gottes war also schon mal eingelöst. Gesegnet wurde er auch, denn seine Herden wuchsen, und er kam gut klar in der neuen Heimat.

(Un)erfüllter Kinderwunsch

Nun stand also noch das dritte Versprechen aus: Nachkommen. Und da ließ Gott sich ganz schön Zeit. Die Jahre vergingen, und nichts tat sich. Monat für Monat wurden Sara und Abraham wieder enttäuscht. Abraham war inzwischen 85, Sara 75. Und schließlich dachte sich Sara: Nun, da muss man dem lieben Gott ein bisschen nachhelfen. Und sie schickte ihre junge fruchtbare Sklavin Hagar zu Abraham ins Bett. Das war damals nichts Ungewöhnliches, es war allgemein üblich: Wenn die Ehefrau keine Kinder bekommen konnte, probierte sie es auf dem Weg über ihre Sklavin. Die Kinder, die die Sklavin mit dem Ehemann bekam, galten dann als Kinder der Ehefrau. Das war die damalige Kinderwunschpraxis. Abraham ließ sich darauf ein, vielleicht gar nicht so ungern. Aber was war da mit seinem Glauben? Hatte er wirklich gedacht, dass Gott ihm auf diese Weise Nachkommen schenken wollte? – Die Geschichte ging nicht sehr glücklich aus: Hagar wurde zwar schwanger, Sara aber wurde dermaßen eifersüchtig auf Hagar und behandelte sie so schlecht, dass die Hochschwangere völlig verzweifelt in die Wüste floh.

Erst als Abraham 100 war und Sara 90, wurde ihr Sohn Isaak geboren. 25 Jahre hatte es gedauert vom Versprechen Gottes bis zur Erfüllung. 25 Jahre, in denen die biologische Uhr tickt. Oder auch schon nicht mehr tickt. Da soll man nicht zwischendurch zweifeln? Aber es gab auch die andere Seite: die Nacht, in der Abraham vor sein Zelt trat und die Sterne betrachtete, sich eins fühlte mit Gott, und Gott sagte zu ihm: „Kannst du die Sterne zählen, Abraham? So zahlreich werden deine Nachkommen sein." Wow, was für eine Sternstunde. Abraham wurde froh und zuversichtlich, und das wurde zur tragenden Grundgewissheit seines Lebens.

Langfristige Wirkung

Abraham hatte keine Ahnung, wie berühmt und bedeutend er einmal werden würde. Glaubensvater von drei Religionen: Judentum, Christentum, Islam. Er ist einfach seiner Berufung gefolgt. Und hat einen Sinn gefunden, der weit über seine Lebenszeit hinausreichte. Klar, manchmal hat er gezweifelt, manchmal hat er sich verlaufen, wie bei der Geschichte mit Hagar. Es war nicht immer alles geradlinig und straight. Es gab Zeiten, da hing sein Glaube am seidenen Faden. Aber das Gute ist: Der Faden wurde von oben gehalten.

Ich bin dankbar, dass Gott auch bei mir nicht lockergelassen hat. Zum Abschied als Pastorin bekam ich von meiner Gemeinde ein dickes Buch geschenkt. Viele Leute haben darin persönliche Geschichten geschrieben von dem, was sie mit mir erlebt haben. Manches wusste ich gar nicht mehr. „Wir haben durch Sie erfahren, was es heißt, gemeinsam zu beten." – „Du hast unsere ganze Familie näher zu Gott gebracht." – „Sie haben mich zum Glauben gebracht und mit 34 Jahren getauft." – „Du hast mich konfirmiert und dazu beigetragen, dass mein Glaube lebendig ist und wächst." – „Du und die Gemeinde habt uns Heimat gegeben und uns Gott ins Herz gebracht." – „Erst hast du unsere Kinder begeistert, mit den Musicals, den Kinderbibelwochen und einem mitreißenden Konfirmandenunterricht. Dann ist dieser Same weiter aufgegangen bis zu meiner Konvertierung zum evangelischen Glauben." – „Du bist für mich diejenige, die bei mir die Begeisterung für unsere tansanischen Freunde und die Kontakte zu ihnen entfacht hat. Die Begegnungen mit ihnen waren und sind für mich Lebensglanzlichter." – „Unsere Konfirmandenfreizeit, aber auch die vielen musikalischen Aktionen brachten uns Gott näher. Wir brachten unseren Glauben dann auch auf die Bühne mit verschiedenen Musicalaufführungen. Der Glaube begleitet mich weiterhin im Alltag und ist der Grundstock nach meiner Konfirmation für mich geworden, der durch dich gesät wurde."

Ich habe geweint, als ich dieses Buch las. Denn es zeigt mir: Trotz meiner Zweifel und Krisen – meine Arbeit hat Bedeutung für andere Menschen. Mein Leben hat Sinn. Was für ein Glück.

Wofür brennst du?

Was ist Berufung? Etwas, wofür ich brenne. Was ich richtig gut kann. Was mir Freude macht. Das muss nicht immer der Beruf sein, mit dem ich mein Geld verdiene. Meine Freundin Petra hat einen „bread and butter job", also einen Job zum Geldverdienen, in einer Versicherung. Den macht sie gewissenhaft. Aber ihr Herz schlägt dafür, sich im Kirchenvorstand ihrer Gemeinde zu engagieren. Sie ist die Vorsitzende, und inzwischen leitet sie auch die Kirchenkreissynode. Sie managt viele Probleme und identifiziert sich sehr mit der Kirchengemeinde, mit viel Herzblut und Kompetenz. Wenn man sie auf ihr Ehrenamt anspricht, sprudelt sie gleich los. Es gibt ihr Erfüllung und Sinn.

In manchen Glücksfällen stimmen Berufung, Beruf und Hobby überein. Auf Korsika haben wir eine Frau aus der Schweiz kennengelernt. In den Sommermonaten arbeitet sie bei einem Reiseunternehmen in Calvi. „Am Wochenende kommt mein Mann für 14 Tage", erzählte sie uns, „ich habe ihm eine Wohnung in einer Ferienanlage am Meer gebucht." Wir wunderten uns etwas – wieso kann er nicht bei ihr schlafen? Dann lernten wir den Mann kennen. „Ich kann nicht bei meiner Frau wohnen", sagte er, „die haben da Vollpension, das geht für mich gar nicht. Ich bin Koch, ich brauche meine eigenen Herdplatten, ich muss kochen." Und dann hielt er uns einen begeisterten Vortrag über Essen, wie man die Qualität guter Waren erkennt, wie man sie schmackhaft zubereitet. Mit leuchtenden Augen erzählte er, wie man das beste Steak aller Zeiten brät und dann auch ansprechend serviert. Wir spürten: Es macht ihm riesige Freude, für Gäste im Restaurant und privat für seine Familie zu kochen. Ich war fasziniert. Ich selber koche nicht gerne und nur, weil man ja irgendwas essen muss. Aber hier war jemand, der das liebt und voller Leidenschaft davon spricht.

Manche Menschen gehen erst Umwege, bis sie ihre Berufung finden. Ich habe nach dem Abitur angefangen, Soziologie und Romanistik zu studieren – bis mir bei einer Silvesterfreizeit ganz klar wurde: Theologie, das ist das, wofür du dich begeisterst.

Mein Mann hat ein ganzes Theologiestudium einschließlich Examen absolviert, ehe er begriff: Auf der Kanzel sieht er sich nicht. Überall in der ersten Reihe stehen und alle gucken auf einen, das macht ihm mehr Stress als Freude. Sich um den Einzelnen kümmern, als Arzt und Psychotherapeut, das ist genau seins.

Die Künstlerin Petra Arndt aus Volkenroda hat bis zu ihrem 40. Lebensjahr in der Fabrik ihrer Eltern Gurken verkauft, ehe sie ihre Begabung als Künstlerin entdeckte und ausbildete. Heute hat sie ein großes Atelier und verkauft ihre Bilder und Skulpturen deutschlandweit.

Oft gibt es nicht die eine Berufung. Im Laufe der Zeit kann sich das ändern. Meine Freundin Gisela war begeisterte Grundschullehrerin.

Seit ihrer Pensionierung engagierte sie sich ehrenamtlich in einem Zentrum für Migration. Derzeit übt sie mit einer kurdischen Frau Deutsch, hilft deren Kindern bei den Schulaufgaben, unterstützt die Familie bei Behördengängen und bei der Suche nach einer größeren Wohnung. Sie ist engagiert und mit Herzblut dabei. Wenn sie davon erzählt, strahlt sie.

Berufung erfüllt mit Sinn, und Sinn gibt Zuversicht. Egal, ob man nun die eine Berufung hat oder verschiedene im Laufe des Lebens. Es lohnt sich, die Augen offen zu halten und zu fragen: Was ist jetzt für mich dran? Immer wieder. Dafür ist es nie zu spät. Ganz egal, ob man das mit 20, mit 40 oder mit 75 Jahren entdeckt.

2. Sternstunden haben Power

Seltsame Bauchschmerzen

Nichts deutete darauf hin, dass dieser Abend zu einer Sternstunde meines Arztlebens werden würde. Es ist 17.15 Uhr. Im Wartezimmer sitzen noch fünf Patienten. Nichts Dramatisches, sie haben Schnupfen, Rückenschmerzen oder wollen ihre Blutwerte besprechen. Heute komme ich wohl pünktlich aus der Praxis. Ich freue mich auf den Abend, denn wir sind zum Geburtstag einer Freundin eingeladen.

Da kommt Mirjam herein. „Ich habe so Bauchschmerzen und brauche unbedingt Medizin für meinen Magen“, sagt sie an der Anmeldung. „Mein Freund hat mich von der Arbeit direkt hierhergebracht, er wartet unten im Auto.“ Die Mitarbeiterin schickt sie ins Wartezimmer.

Als ich die nächste Patientin holen will, sehe ich Mirjam. Sie krümmt sich vor Schmerzen. Ich nehme sie sofort mit ins Untersuchungszimmer. Mirjam ist 28. Ich kenne sie, seit sie fünf war. „Bitte geben Sie mir etwas gegen meine Magenschmerzen“, sagt sie, „ich halte es nicht mehr aus.“ Ich taste den Bauch ab. Er ist auffallend dick, gespannt, vorgewölbt. Mirjam blutet. „Bist du schwanger? Ich glaube, du hast Wehen“, sage ich. Mir wird flau im Magen. Als Assistenzarzt am Krankenhaus habe ich mehrmals bei Geburten assistiert. Das ist 30 Jahre her. Einmal mussten wir mit dem Notarztwagen zu einer Frau, die ihr Kind gerade auf dem Sofa bekam. Diese Bilder stehen mir plötzlich drastisch vor Augen. Ich versuche, Ruhe auszustrahlen: „Jetzt lege ich dir erst einmal eine Infusion“, sage ich. „Wir kriegen das hin. Ich bin bei dir und du atmest jetzt ganz ruhig in den Bauch.“

Die Gynäkologin in unserem Ärztehaus ist nicht erreichbar. Der

Notarzt ist im Einsatz. Der aus dem Nachbarbezirk braucht 20 Minuten, bis er da ist. Schließlich rufen wir den Rettungsdienst.

Ich spüre, wie sämtliche Adrenalinreserven bei mir aktiviert werden. In meinem Kopf rufe ich die Abläufe einer Geburt ab: Das Köpfchen kommt – hoffentlich – zuerst. Währenddessen: Dammschutz. Nach welcher Seite sich das Köpfchen dreht, gibt das Neugeborene vor. Dann helfen, die Schulter rauszuziehen.

Mirjams Bauchschmerzen kommen in immer kürzeren Abständen. Ich sehe bereits das Köpfchen des Kindes.

Mittlerweile ist der Rettungsdienst eingetroffen und bringt ein Geburtsset mit: Absaugschlauch, Nabelklemme, Schere.

Keine 30 Minuten später liegt ein kleines Mädchen in meinen Armen. Es beginnt sofort zu schreien. Was für ein irres Gefühl. Alles ist perfekt gelaufen. Ich bin total high. Endorphine durchfluten meinen Körper. Mirjam kann es kaum fassen. In diesem Augenblick erscheint der Notarzt.

Wir nabeln das Kind ab und wickeln es in Handtücher. Ooops, vielleicht sollte jemand dem Vater, der immer noch im Auto wartet, Bescheid geben. Einer von den Rettungssanitätern holt ihn. Dem jungen Mann hat es die Sprache verschlagen. Stumm steht er da, überwältigt. Seine Freundin wollte doch nur ein Rezept gegen ihre Magenschmerzen holen. Wir legen ihm das Baby in den Arm. Schließlich fahren alle mit dem Notarzt ins Krankenhaus. Die werden Augen machen.

Am nächsten Tag kommt der frischgebackene Vater mit einem Blumenstrauß in die Praxis und bedankt sich. „Nächstes Jahr wird geheiratet“, verkündet er stolz.

Zur Geburtstagsfeier unserer Freundin kamen wir verspätet. Ich schwebte wie auf Wolken. Musste jedem erzählen, was gerade passiert war. Meine Frau freute sich mit mir, wunderte sich aber auch: „Hat Mirjam denn nicht gemerkt, dass sie schwanger ist?“ „Na ja, es war ja ihr erstes Kind und sie hatte noch keine Erfahrung damit. Ich glaube, sie hat gedacht, es ist noch zu früh für das Baby."

Für mich war diese Geburt eine Sternstunde. Sie überstrahlte meinen Alltag. Manchmal gibt es ja so Zeiten, da kommen an einem Tag gefühlt 20 Patienten mit Schnupfen, die eigentlich keinen Arzt brauchen. Dann denke ich an Mirjam und ihr Baby – und mir leuchtet wieder auf, wie sinnvoll und beglückend meine Arbeit eigentlich ist.

Was waren deine Sternstunden?

„Was waren deine Sternstunden? Erzählt es euch gegenseitig in Murmelgruppen." So lautete ein Arbeitsauftrag in einem Stress-Seminar, das wir im Kloster Volkenroda leiteten. Einige waren zunächst irritiert. „Sternstunde? Was soll das sein? Das hatte ich nicht." Doch während der Übung veränderte sich spürbar die Stimmung. Die Teilnehmenden wurden zunehmend lockerer, es wurde gelacht, sie wirkten fröhlich und entspannt. Und hatten am Ende alle eine Sternstunde zu erzählen. „Ich habe über das Seminar erst gestern auf Facebook gelesen", sagte eine, „und ich wusste sofort, da muss ich hin. Es gab wahnsinnig viel zu organisieren, was mache ich mit meinen drei Kindern, wo soll der Hund hin? Aber ich hab es hingekriegt und hier auch noch einen Platz bekommen – und es fühlt sich so richtig an. Das war meine Sternstunde, dass ich das so kurzfristig entschieden und tatsächlich umgesetzt habe."

Wir stellten fest: Solche Sternstunden, die wir genutzt haben, wirken nicht nur für den Moment. Wir können die Erinnerung daran jederzeit aktivieren. Dann geben sie uns einen Motivationsschub, lassen unsere Augen leuchten und erfüllen uns mit Zuversicht.

Ergreife den Augenblick

„Was ist denn eine Sternstunde?", fragte Momo im gleichnamigen Kinderbuch von Michael Ende. „Nun, es gibt manchmal im Lauf der Welt besondere Augenblicke", erklärte Meister Hora, „wo es sich ergibt, dass alle Dinge und Wesen, bis zu den fernsten Sternen hinauf, in ganz einmaliger Weise zusammenwirken, sodass etwas geschehen kann, was weder vorher noch nachher je möglich wäre. Leider verstehen die Menschen sich im Allgemeinen nicht darauf, sie zu nutzen, und so gehen die Sternstunden oft unbemerkt vorüber. Aber wenn es jemanden gibt, der sie erkennt, dann geschehen große Dinge auf der Welt."[6]

Besondere Augenblicke – im Neuen Testament gibt es dafür ein Wort: „Kairos". Der günstige, besondere Moment, der so nie wiederkommen wird und den es nicht zu verpassen gilt. „Chronos" steht dagegen für die chronologische Zeit, die Zeit der Kalender, Uhren und Termine.

„Alles hat seine Zeit", heißt es im Buch der Prediger, und das bedeutet doch: Man kann Dinge zur Zeit, aber auch zur Unzeit tun. Wenn Menschen Dinge zur Unzeit tun, sind sie im besten Fall überflüssig, im schlimmsten Fall wirkt es sich verheerend aus. „Man mühe sich ab, wie man will, so hat man keinen Gewinn davon", sagt der Prediger Salomo darüber.

Wichtig ist es also, sensibel für den „Kairos" zu werden, für meine Sternstunden. Dinge dann zu tun, wenn sie wirklich „dran" sind, und sie ansonsten zu lassen.

„Ergreif den Augenblick, du lebst und liebst nie mehr so jung wie heut." So lautet eine Textzeile aus dem Musical „Ein Käfig voller Narren."

Ich sehe sie noch vor mir, die nette Familie mit zwei Töchtern aus meiner Gemeinde. Die Mädchen sangen in unserem Kindermusical Joseph mit. Sehr präsent, sehr begabt und begeistert. Irgendwann erzählte die

Mutter mir beiläufig, dass sie und der Vater nicht verheiratet wären. Ich war erstaunt. „Warum denn nicht?" Da sagte sie ein bisschen traurig: „Ach, irgendwie haben wir den richtigen Zeitpunkt dafür versäumt. Und jetzt, ich weiß nicht, es würde sich komisch anfühlen. Es passt irgendwie nicht mehr."

In der griechischen Mythologie ist Kairos, also der günstige Augenblick, ein Gott. Eine Locke fällt ihm in die Stirn, sein Hinterkopf ist kahl. Ist er vorbeigehuscht, kriegt man ihn nicht mehr zu fassen. Daher kommt die Redewendung: die Gelegenheit beim Schopfe packen.

Sternstunde verpasst?

Manchmal verpassen Menschen Sternstunden einfach vor lauter Alltagsroutine. Eine Frau aus der Bibel ist dafür berühmt geworden, sie heißt Martha. Sie und ihre Schwester Maria hatten unerwartet Besuch bekommen. Jesus und seine 12 Freunde waren bei ihnen eingekehrt. 13 Leute bewirten: super viel Arbeit für die Gastgeberinnen. Ein Lamm muss geschlachtet und gebraten werden, Brot gebacken, Gemüse geputzt, Obst gewaschen, Betten bezogen. Martha weiß bald nicht mehr, wo ihr der Kopf steht, sie übernimmt die ganze Verantwortung. Und ihre Schwester Maria? Die sitzt gemütlich da und hört den Gästen bei ihren theologischen Gesprächen zu. Schließlich platzt Martha der Kragen und sie beschwert sich bei Jesus über ihre Schwester. Und was sagt der? „Martha, du machst dir super viel Arbeit. Aber Maria hat das Bessere gewählt. Das, was wirklich wichtig ist" (frei nach Lukas 10, 41 und 42).

Sicher, die Kritik ist geschickt verpackt: Erst mal wird Marthas Arbeit gewürdigt. Da wird sie sich verstanden fühlen. Aber was dann kommt, muss trotzdem herbe für sie sein: Über aller Arbeit versäumst du das Wichtigste, Martha. Jesus ist zu Besuch! Wann wirst du je wieder die Gelegenheit haben zu so direktem Kontakt, ihn zu sehen, mit ihm zu sprechen? Wie kannst du Betten beziehen und in der Küche Kartoffeln schälen und Zwiebeln schneiden, wenn Jesus in deinem Wohnzimmer sitzt und du die einmalige Chance hast, ihn persönlich kennenzulernen? Eine Sternstunde! Davon könntest du lange zehren.

Ja, aber was soll Martha denn tun? Es wäre nach den Regeln orientalischer Gastfreundschaft einfach ungeheuerlich, den Besuch nicht mit einem festlichen Essen zu bewirten. Irgendwer muss die Arbeit schließlich machen. Sie kann doch nicht einfach alles stehen und liegen lassen.

Die Geschichte enthält kein Rezept für Martha, wie sie dieses Problem lösen soll. Aber manchmal ist es doch so: Wenn jemand seine Sternstunde erkennt und nutzt, dann geht ihm oder ihr auf einmal alles leichter von der Hand, ja manches fast wie von selbst. Martha hatte sich ja getraut, sich mit ihrem Problem an Jesus zu wenden. Wie mutig, die theologischen Reden dafür zu unterbrechen. Und Jesus sagt nicht: „Was fällt dir ein, wir sind hier mitten in einer wichtigen Diskussion." Er wendet sich ihr zu und lässt sich auf ein seelsorgerliches Gespräch ganz mit ihr alleine ein, über das, was wirklich zählt. Wer weiß, vielleicht hat Martha ihre Sternstunde doch nicht ganz verpasst. Sie hat noch einen Zipfel erwischt. Und damit hat sie es sogar in die Bibel geschafft.

Das Vergangene vergolden

Negative Erlebnisse und Gefühle prägen uns weit mehr als Gutes und Glück. Kritik schmerzt mehr und wirkt länger nach als Lob. Warum ist das so? Unser Gehirn will, dass wir aus Fehlern lernen und es dann besser machen. Und es will uns vor Gefahren warnen.

Nachrichten und Zeitungen sind voll von Schreckensmeldungen. „Only bad news are good news", heißt es unter Journalisten – nur schlechte Nachrichten sind gute Nachrichten. Das Negative hat eine ungeheure Anziehungskraft. Und es wird oft noch verstärkt durch bösartige Kommentare in den sozialen Medien. Unfassbar, was da oft an

Hass ausgekippt wird. Politikerinnen und in der Öffentlichkeit stehende Personen scheinen kein Recht auf Menschenwürde zu haben. Wie werden sie damit fertig? Da gibt es keine Gnade. Der leitende Redakteur einer Tageszeitung erzählte mir, dass einige der Kolleginnen und Kollegen ihren ganzen Arbeitstag lang damit beschäftigt sind, schlimme Kommentare zu Online-Meldungen zu löschen. Ein Job, der sehr belastend ist und keinem Spaß macht. „Da verlierst du den Glauben an die Menschheit", sagte er.

Schlimmes Erleben kann über Jahre verstören. Wir nennen das ein Trauma. Viele meiner Patienten kommen in die Psychotherapie, weil sie mit einem Trauma nicht fertigwerden. Sie leiden unter einer posttraumatischen Belastungsstörung. Oft sind sie Opfer von körperlicher oder psychischer Gewalt geworden, von Beleidigungen oder Mobbing. Aber sich als Opfer zu fühlen, macht schwach. „Sie müssen vom Opfer zum Täter werden", sage ich ihnen. Natürlich nicht, indem sie andere mobben. Sondern indem sie ihr Leben aktiv gestalten. Ausprobieren, was ihnen Kraft gibt. Heilen, das Trauma überwinden und wachsen an dem, was sie verletzt hat: Wir nennen das posttraumatisches Wachstum.

Oft konzentrieren wir uns mehr auf das Trauma als auf die Heilung. Der Glücksforscher Martin Seligman meint, wir sollten dem Trauma etwas Positives entgegensetzen. Wir sollten mehr danach fragen: Was hat mich stark gemacht? Wie habe ich es geschafft, trotz widriger Umstände zu überleben?

Die alte Dame ist gestürzt, direkt vor dem Kircheneingang. Ein Freund und ich sind sofort zur Stelle, versorgen ihre Wunden. Rufen den Krankenwagen. Im Krankenhaus stellt sich heraus: Der Oberarm ist gebrochen. Sie kann nicht auf eine geplante Reise, ist für die nächsten Wochen auf Hilfe angewiesen. Aber sie beklagt sich nicht. Im Gegenteil, sie ist total dankbar. Schickt uns Helfern dicke Blumensträuße und schreibt auf einer Karte: „Vom ersten Moment an war ich von Engeln umgeben." Ich finde das genial. Sie hat eine Schreckensstunde für sich zur Sternstunde umgedeutet.

Als unser Freund sie später besucht und sie fragt: „Was macht der Arm?", sagt sie: „Ach, den beachte ich gar nicht. Der soll sich nicht so wichtig nehmen."

Was ist das Gegenteil von „Trauma"? Es gibt kein Wort dafür. Auf jeden Fall ist es hilfreich, anstatt in Gedanken um das negative Ereignis zu kreisen, nach positiven Ereignissen aus der Vergangenheit zu suchen und zu fragen: Welches dieser Ereignisse kann nachhaltig wirken und Zuversicht in die Seele pflanzen?

Wir denken, das sind unsere Sternstunden. Meist können wir uns gut an schlimme Ereignisse erinnern. Sternstunden dagegen müssen wir uns immer wieder bewusst in Erinnerung rufen. „In wie viel Not hat nicht der gnädige Gott über dir Flügel gebreitet", heißt es in dem Lied: Lobe den Herrn. Der Liederdichter Joachim Neander setzt der Not ein starkes Bild entgegen. Gottes Flügel, die uns schützen. Das Schlechte vergessen wir sowieso nicht, aber sich an das Gute erinnern, positive Bilder dagegenstellen, das muss man richtig üben. Und das Schlechte sogar in Gutes umdeuten wie die Dame mit dem gebrochenen Arm, das ist die Königsdisziplin.

Auch die „gute alte Zeit" ist so eine positive Erinnerung. Oft wird sie verklärt, man schwelgt in Nostalgie. Das ist vollkommen okay. Vergolden hilft, gelassen nach vorne zu sehen. „Nostalgieren" – das lässt Augen glänzen und macht dankbar für das, was gut lief.

Der Sozialpsychologe Roy F. Baumeister meint, solch ein wohliger Blick zurück mache zufrieden und helfe, optimistisch in die Zukunft zu blicken.[7]

Eine Sternstunde in Deutschland war die Öffnung der Grenze zur ehemaligen DDR 1989. Der Tag der Deutschen Einheit am 3. Oktober erinnert uns jedes Jahr daran. Und auch an die Kraft der Gebete. „Mit allem hatten wir gerechnet, nur nicht mit Kerzen und Gebeten", sagte ein SED-Mann später. Dass es solche Sternstunden in der Politik gibt, das gibt Hoffnung auch im Chaos.

3. Vom Elefanten zur Mücke

Der Zuversicht Raum geben

Ich (LP) sitze in der Göttinger Augenklinik. Vor ein paar Tagen hatte ich eine Not-OP wegen einer Netzhautablösung. Nun steht die Nachuntersuchung an. Das Wartezimmer ist voll. Die Mitpatienten erzählen schreckliche Geschichten. Von falschen Diagnosen, missglückten OPs, von immer neuen Komplikationen. Einer hat im Internet gelesen, dass man ihn eigentlich noch viel wirkungsvoller hätte behandeln können, aber: „Da geht's doch überall nur ums Geld!“ Aha. Dr. Google muss es ja wissen.

Ich fühle mich wie im Horrorkabinett. Was ist das hier? Verbindet das gemeinsame Gruseln? Man konkurriert geradezu darum, wem es am schlimmsten ergangen ist. Nach dem Motto: Das kann ich noch toppen. Eine brüchige Schicksalsgemeinschaft. „Wenn das einmal angefangen hat mit der Netzhaut, hört es nie mehr auf“, behauptet einer. Solche düsteren Prognosen will ich gar nicht hören. Ich bin froh, als ich da wieder raus bin.

Ja, wir sind darauf gepolt, das Negative stärker wahrzunehmen als das Gute. Das hilft uns, Gefahren zu erkennen und rechtzeitig zu reagieren. Aber wir müssen das Negative doch nicht noch zelebrieren. Manchmal machen wir dabei sogar aus einer Mücke einen Elefanten. Das lähmt uns und raubt uns die Zuversicht. Positive Gefühle dagegen bewirken, dass wir uns bewegen. Dass wir aktiv werden.

Die Gedanken auf das Positive richten, das ist kein Schicksal, sondern eine Entscheidung. „Problemtalk creates problems. Solutiontalk creates solutions.“ (Das Reden über Probleme erzeugt Probleme, das Reden über Lösungen erzeugt Lösungen.) Das sagt Steve de Shazer, der Begründer der systemischen Kurztherapie: Wenn wir das Problem in den Mittelpunkt stellen, dann ist das wie ein Elefant in einem kleinen Zimmer. Unsere Sicht ist eingeschränkt, wir haben kaum Platz, denn der Elefant beherrscht den Raum. Ein guter Schritt wäre es also, den Elefanten zu verkleinern. Etwa, indem ich meine Gedanken auf das richte, wofür ich dankbar sein kann, was ich schon geschafft habe, was gelungen ist, wer mich unterstützt. Das können wir selbst beeinflussen. Wir können aus dem Elefanten wieder eine Mücke machen. Ein Motto, um der Zuversicht mehr Raum zu geben: vom Elefanten zur Mücke.

Meine Netzhautablösung und die Not-OP hatten mich sehr geschockt. Nicht mehr sehen können, der absolute Horror. Und die Ergebnisse der Nachuntersuchungen waren auch nicht immer ermutigend. Ich brauchte lange, um mich seelisch davon zu erholen. Freundinnen und Freunde beteten für mich. Eine schrieb mir: „Ich zünde jeden Tag in unserer Klosterkirche eine Kerze für dich an." Dadurch fühlte ich mich unterstützt. Es half, die düsteren Prognosen zu entmachten. Meiner Angst habe ich immer wieder Verse aus einem Lied entgegengesetzt, sie gesungen: „Was helfen uns die schweren Sorgen, was hilft uns unser Weh und Ach? Was hilft es, dass wir alle Morgen beseufzen unser Ungemach? Wir machen unser Kreuz und Leid nur größer durch die Traurigkeit. – Sing, bet und geh auf Gottes Wegen. Verricht das Deine nur getreu. Und trau des Himmels reichem Segen, so wird er bei dir werden neu. Denn welcher seine Zuversicht auf Gott setzt, den verlässt er nicht."[8]

Heute gehe ich immer noch mit mulmigem Gefühl zu jeder Kontrolle beim Augenarzt. Aber weit überwiegt meine Dankbarkeit, dass ich sehen kann und die Situation seit vielen Jahren stabil ist.

Glückspilz oder Pechvogel?

Max Frisch hat einmal gesagt: „Jeder Mensch erfindet sich früher oder später eine Geschichte, die er für sein Leben hält."[9] Ich finde das sehr treffend. Unsere Geschichte ist keine objektive Tatsache – wir entscheiden, wie wir sie erzählen. Frisch berichtet von einem Menschen, der sich selbst für einen Pechvogel hielt. „Kaum ein Tag verging für diesen Mann, ohne dass er Grund hatte zu klagen, und tatsächlich stieß ihm immer etwas zu, was den anderen erspart blieb." Doch dann passierte das Unglaubliche: Er gewann im Lotto. Der Mann konnte es nicht fassen, dass er kein Pechvogel war, und war so verwirrt, dass er tatsächlich seine Brieftasche mit dem Gewinn verlor. Max Frisch resümiert: „Und ich glaube, es war ihm lieber so, andernfalls hätte er sich ja ein anderes Ich erfinden müssen, der Gute, er könnte sich nicht mehr als Pechvogel sehen. Ein anderes Ich, das ist kostspieliger als der Verlust einer vollen Brieftasche, versteht sich, er müsste die ganze Geschichte seines Lebens aufgeben, alle Vorkommnisse noch einmal erleben, und zwar anders ..."[10]

Welche Geschichten regieren unser Leben? Welche Ereignisse werden erzählt und welche ausgelassen? Meist schildern Menschen in der Psychotherapie Problemgeschichten. Doch wir können üben, alternative Geschichten zu erfinden. Etwa durch die Suche nach Ausnahmen. In der Beratung fragen wir z. B.: „Wann haben Sie es das letzte Mal geschafft, Ihren Sohn selbst dafür sorgen zu lassen, dass er pünktlich zur Schule kommt? Wie haben Sie es geschafft, ihm die Verantwortung für sein rechtzeitiges Aufstehen zu übergeben? Was haben Sie da anders gemacht?"

Auch der Dichter von Psalm 103 in der Bibel ermutigt uns, die eigene Geschichte positiv zu betrachten: „Vergiss nicht, was er dir Gutes getan hat", heißt es da. Mit anderen Worten: Richte deinen Blick mal darauf, wo Gott dich bisher schon behütet oder dir geholfen hat und Dinge zum Guten gefügt hat.

Frau Weber, die schon einige Zeit zur Therapie kommt, klagt: „Eigentlich sollte es mir in meiner derzeitigen Situation richtig gut gehen, tut es aber nicht.“ In unserem Gespräch konzentrieren wir uns auf Dinge, die sie bereits geschafft hat. Da fällt ihr einiges ein. U. a. berichtet sie, wie sie sich zusammen mit 50 anderen auf eine neue Arbeitsstelle beworben hat, und ausgerechnet sie bekam den Vertrag. Am Ende unserer Stunde ist die Stimmung ganz anders, heiter und gelöst. Frau Weber sagt: „Ich war ursprünglich hergekommen, um über meine Beschwerden zu reden, aber jetzt haben wir eigentlich nur darüber gesprochen, was ich gut kann.“

Und wenn alles zu spät scheint? An meiner Vergangenheit lässt sich doch nichts mehr ändern, oder? Versaut eine schlimme Kindheit nicht das ganze Leben? „Es ist nie zu spät, eine glückliche Kindheit zu haben“, lautet ein provokativer Buchtitel des finnischen Psychiaters Ben Furmann.[11] Der Autor hat Menschen interviewt, die als Kinder vernachlässigt wurden, und fragte sie, was ihnen persönlich geholfen hat, die schwierigen Kindheitserlebnisse zu bewältigen. Er fand heraus: Kinder erfinden viele Methoden, um durchzukommen. Die einen suchen sich Ersatzeltern, z. B. liebevolle Betreuer in einer Wohngruppe, eine Patentante oder eine verständnisvolle Lehrerin. Andere freunden sich mit einem Haustier an, schaffen sich eine Fantasiewelt, suchen immer wieder ein Versteck auf, also eine Art geheimen Zufluchtsort. Einige schreiben Tagebuch, einige lesen viel und versetzen sich dadurch in eine bessere Welt. Auch den Glauben nennen manche als eine wichtige Quelle, um sich geborgen zu fühlen und hoffnungsvoll nach vorne zu sehen. Aus alldem konnten diese Menschen Kraft ziehen und haben es geschafft, ihr Leben zu meistern. Furmann ist überzeugt: Wir können selbst bestimmen, wie wir unsere Vergangenheit erzählen. Dabei sollten wir unsere Aufmerksamkeit darauf richten, wie wir Probleme bewältigt haben. Wie wir es trotz Hindernissen geschafft haben. Dann könnten wir mit Stolz statt mit Trauer an unsere Kindheit denken.

Wohin man sieht, dahin fährt man

Mit 18 hatte ich (LP) bei meinem Onkel im Westerwald Fahrstunden. Vorher hatte ich noch nie ein Auto gesteuert und fühlte mich sehr unsicher. Ich bin sowieso nicht so der Technikfreak und halte mich da eher für unbegabt. Was man bei diesem Auto alles beachten musste: Kupplung, Gang rein, Gas geben. Bremsen, anhalten. Beim Bremsen vergaß ich das Runterschalten und der Motor ging aus. Natürlich an einer roten Ampel, und als sie grün wurde, hatte ich es noch immer nicht geschafft, ihn wieder zu starten. Die Autos hinter mir hupten laut und wütend, ich war in Schweiß gebadet. Und zu dem allen sollte man auch noch auf die Straßenschilder achten, Hilfe! Mit am schlimmsten war es, wenn mir auf schmalen kurvenreichen Straßen ein breiter Lkw entgegenkam. Ich dachte, da kommst du nie vorbei. Aus Angst wich ich viel zu weit nach rechts aus, sodass wir fast im Graben landeten. Damals schärfte mir mein Onkel ein: Guck nicht auf das Hindernis, sondern dahin, wohin du fahren willst. Wohin man sieht, dahin fährt man. Wenn du auf das Hindernis guckst, fährst du darauf zu oder weit daneben in den Graben. Guck dahin, wo du hinwillst, dann klappt es.

Was so unspektakulär daherkam, war für mich eine Sternstunde im Alltag. Denn diesen Satz habe ich nie vergessen: Wohin man sieht, dahin fährt man. Ein super Tipp auch für unseren Lebensweg, finde ich. Wer angstvoll auf die Schwierigkeiten starrt, wird geradewegs darauf zusteuern: Das, was man um jeden Preis vermeiden will, das passiert einem dann gerade. Wer sich jedoch auf das Ziel konzentriert, wird auch in diese Richtung fahren – und es geht vielleicht müheloser, als man gedacht hatte.

Der Apostel Paulus empfiehlt in der Bibel: „Seht nach oben, wo Christus ist“ (nach Kolosser 3,1). Also: Kopf hoch, vertraut auf Gott. Den Kopf heben, das macht ja schon rein körperlich was mit uns. Wenn wir den Kopf senken, ziehen wir meist die Schultern ein und der Brustkorb verengt sich. Wir bleiben ganz bei uns. Angst und Sorge verschlimmern sich. Den Kopf heben, dabei wird der Brustkorb weit, wir können freier atmen und in die Ferne sehen. Den Horizont wahrnehmen, die Wolken, den Himmel. Den Blick weiten für die ungeahnten Möglichkeiten Gottes. Nach seinem Tod an Karfreitag hatten die Freunde von Jesus total deprimiert nach unten geschaut, aufs Grab. Das Ende ihrer Träume. Und dann hat Gott sie am Ostersonntag mit einer Lösung überrascht, von der sie nie zu träumen gewagt hätten. Er hat Jesus auferweckt. Sie erlebten staunend: Gott ist stärker als der Tod. Die tieftraurigen Männer und Frauen wurden erfüllt mit Freude und Zuversicht. Und wussten ab da genau, wo sie hinwollten. Waren erfüllt von dem einen Projekt: Andere sollten diese überwältigende Neuigkeit auch erfahren. Das zu erzählen, davon ließen sie sich nicht abhalten. Und als die religiösen Chefs ihnen verbieten wollten, von Jesus zu reden, da sagten sie unverblümt und frech: „Man muss Gott mehr gehorchen als den Menschen" (Apostelgeschichte 5, 29).

Wohin man sieht, dahin fährt man. Mit einem größeren Ziel vor Augen werde ich von Zuversicht gepusht.

Gib deinem Fleck einen Zweck

Tom Sawyer, der Romanheld von Mark Twain,[12] ist genial darin, Dinge umzudeuten, eine langweilige Arbeit in eine außergewöhnliche zu verwandeln. Einen ereignislosen Nachmittag in einen voller Abenteuer. Und zwar so:

Tom hat etwas ausgefressen. Zur Strafe verordnet Tante Polly ihm, dass er am Samstag ihren Gartenzaun streichen muss. An diesem Samstag ist traumhaftes Wetter, Menschen und Pflanzen platzen geradezu vor guter Laune. Tom jedoch ergreift tiefe Niedergeschlagenheit, als er den langen hohen Zaun sieht. Er stellt sich vor, wie alle seine Freunde vorbeikommen werden, unterwegs zu aufregenden Abenteuern. Wie sie ihn auslachen, weil er arbeiten muss. Doch am Tiefpunkt hat er auf einmal eine Inspiration. Als der erste Freund erscheint, tut Tom so, als wäre es ein großer Spaß, den Zaun zu streichen. Nicht jeden Tag bekomme man schließlich die Chance, etwas so Einmaliges zu tun. Der Freund ist erst irritiert, doch je mehr Tom sich begeistert zeigt, desto mehr bettelt der Freund ihn an, auch mal streichen zu dürfen. Er würde ihm dafür auch seinen Apfel schenken. Scheinbar widerwillig lässt Tom sich auf den Handel ein. Im Laufe des Tages funktioniert diese Methode bei vielen anderen Freunden. Sie kommen, um Tom auszulachen, und bleiben, um zu streichen. Am Abend ist der Zaun dreifach gestrichen. Tom hat einen entspannten Tag verbracht, während andere für ihn die Arbeit erledigten.

Wie hat Tom Sawyer das gemacht? Er hat die lästige Arbeit in eine interessante Beschäftigung umgedeutet, in deren Genuss man nur selten kommt. Und so ist Toms Tag viel besser verlaufen, als er am Morgen befürchtet hatte. Die Arbeit bleibt die gleiche, aber er hat ihr einen anderen Rahmen gegeben. Reframing oder Umdeuten heißt diese Methode.

Wenn ein Kind abends im Dunkeln Angst hat, und Eltern erzählen ihm vom Schutzengel, der auf es aufpasst, dann machen sie genau das. Sie geben der beängstigenden Situation einen anderen Rahmen. Oft sind nicht die Dinge an sich angsterregend, sondern die Bedeutung, die wir ihnen geben. Das beobachtete schon der griechische Philosoph Epiktet im 1. Jahrhundert nach Christus in seinem Handbüchlein der Moral.[13]

Als unsere Kinder klein waren, wohnten wir in einem kleinen Dorf im Pfarrhaus. Direkt nebenan war das Gemeindehaus. Eines Abends kam ich ans Bett unseres fünfjährigen Sohnes. Er hatte sich die Decke über den Kopf gezogen und sich eng zusammengekuschelt. „Ein Glück, dass du kommst, Mama“, sagte er, „ich habe solche Angst. Hier muss irgendwo ein gefährliches Tier in der Nähe sein, es macht schreckliche Geräusche. Hör mal, da ist es wieder.“ Tatsächlich, ein tiefer, lang gezogener Ton wie bei einem brüllenden Ochsen, dem so langsam die

Kräfte ausgehen. Ich ging zum Fenster. Nebenan sah ich Licht im Gemeindehaus. Auf einmal kam mir die Erleuchtung. Ich lachte: „Nils, das sind die Posaunenanfänger. Die kriegen noch nicht so richtige Töne aus ihren Trompeten raus und deshalb hört sich das so komisch an." „Ach sooooo", seufzte Nils erleichtert. Sofort fühlte er sich beruhigt und geborgen. Wenn er ab jetzt abends wieder die seltsamen Töne der Posaunenanfänger hörte, fand er das sogar beruhigend: Er war nicht allein in seinem dunklen Zimmer, sondern es waren noch andere Kinder ganz in der Nähe, die Musik machten.

Umdeuten kann also eine komplett andere Sicht der Dinge eröffnen. Es kann z. B. Angst total entmachten. Natürlich geht es nicht darum, sich oder anderen schwere Schicksalsschläge „schönzureden". Das wäre zynisch, und da kommt die Methode an ihre Grenzen. Für viele Alltagssituationen ist Reframing jedoch ein hilfreiches Instrument.

Eine Zeit lang leitete ich (LP) eine Selbsthilfegruppe für Menschen mit Angststörungen. Bei einem Treffen erzählte eine Frau: „Gestern Abend bekam ich wieder die bekannten Symptome: Unruhe, Herzrasen. Dann denke ich ja immer, gleich falle ich um oder kriege einen Herzinfarkt, ich kriege Panik und hab richtige Todesangst. Aber gestern habe ich mir gesagt: Du hast heute Nachmittag so viel starken Kaffee getrunken, kein Wunder, dass dein Herz schneller schlägt. Diese Erklärung hat mich beruhigt. Der Panikanfall blieb aus." Die Angst bekam einen anderen Rahmen: Nicht ein Herzinfarkt verursachte das Herzklopfen, sondern der starke Kaffee.

Die Künstlerin Valerie Lill ist eine Meisterin des Umdeutens. Auf ihrem Instagram-Account erzählt sie eine Geschichte: Eines Tages war sie dabei, ein Selbstportrait zu zeichnen. Zwischendurch trank sie einen Kaffee – doch die Tasse rutschte irgendwie weg, und Kaffee floss auf ihr Bild. So ein Mist. Erst ärgerte sie sich fürchterlich – aber dann hat sie den Kaffee in ihr Bild eingebaut. Hat einfach alles in Brauntönen schattiert. In den Kommentaren auf Instagram wundern sich die Leute:

„Wo ist denn da der Kaffeefleck? Ich sehe gar keinen." Wer das Bild anguckt und die Entstehung nicht kennt, kommt nicht auf die Idee, dass die hellbraune Schattierung ursprünglich ein Missgeschick war. Und Valerie entwickelte daraus auch gleich ein Motto: Gib deinem Fleck einen Zweck. Was für ein wunderbares Resümee. Ich habe ihr geschrieben: „Das ist mein Satz des Tages heute. Ich finde das genial: Gib deinem Fleck einen Zweck."

Mach deine Macke zur Marke

Nicht nur bei Angst und Missgeschicken hilft das Umdeuten, sondern auch bei vermeintlich fehlender Begabung. Valerie Lill erzählt, dass manchmal Menschen zu ihr zum Gesangsunterricht kämen, die sagten: „Ich kann leider nicht singen. Aber ich liebe es so." Denen sagt sie: „Mach deine Macke zur Marke. Denn Kunst lebt nicht von Perfektion, sondern von Inspiration."

Bob Dylan konnte eigentlich nicht gut singen. Zu seinem 70. Geburtstag brachte die *Bildzeitung* einen Artikel über ihn mit der Überschrift: „Der Sänger, der nicht singen kann." Seine Stimme ist rauchig, teilweise brüchig. Eine andere Zeitung schreibt, seine Stimme schnaube wie eine müde Dampflokomotive. Böse Zungen sagen, er krächze nur. Bob Dylan hat das alles nicht angefochten. Er hat seine Macke zur Marke gemacht. Und Millionen Zuhörer sind begeistert und berührt von ihm und seiner Musik.

4. Krisen machen stark

Wie Beten die Widerstandskraft stärkt

Es stand nicht gut um ihn, sagten die Ärzte. Er war schwer krank und spürte auch selbst, dass es zu Ende ging. Aber er war noch nicht bereit zu gehen. Er war verzweifelt. Auf ihn warteten noch so viele Aufgaben. Hiskia war König in Israel, er regierte von 726 bis 697 vor Christus. Politisch waren es schwierige Zeiten, das Land wurde von dem mächtigen Assyrerkönig Sanherib und seinen Truppen bedroht. Hiskia wurde wirklich gebraucht. Er hatte Israel religiös und moralisch wieder auf Vordermann gebracht. Im Gegensatz zu seinem Vater lag ihm an den Geboten Gottes. Warum also ausgerechnet er? Er hatte doch nichts Böses getan. Das hatte er nicht verdient. In seinem Bett drehte er sich zur Wand und weinte, flehte zu Gott.

Und Gott erhörte ihn. „Ich gebe dir noch 15 Jahre", sagte er. Hiskia ist vollkommen aufgewühlt. Gott erfüllt seine Bitte. Er wird wieder gesund! Seine Gefühle fasst er so zusammen: „Siehe, um Trost war mir sehr bange. Du aber hast dich meiner Seele herzlich angenommen, dass sie nicht verdürbe, denn du wirfst alle meine Sünden hinter dich zurück." (Jesaja 38,17)

Sterben – in der Blüte der Jahre –, das passt nie. Hiskia ist noch einmal davongekommen. Wann sind wir noch einmal davongekommen? Von einer schweren Krankheit? Sind bewahrt worden bei einem Unfall, der auch viel schlimmer hätte ausgehen können? Hiskia hat zu Gott gefleht, und der hat ihn erhört.

Ich habe das auch schon erlebt. Da bete ich mit einem schwer kranken Kind und seinen Eltern auf der Intensivstation der Uniklinik in Göttingen. Wir beten gegen unsere Verzweiflung an, denn es besteht nicht viel Hoffnung. Ein paar Wochen später treffe ich die Mutter im Dorf. „Es geht ihm viel besser“, sagt sie, „er wurde in den großen Hörsaal gefahren und allen Studenten als medizinisches Wunder präsentiert. Der Professor sagte in seinem Beisein: ‚Die meisten Kinder sterben an dieser Krankheit.‘ – Und das alles wegen Ihrem Gebet.“

Ja, manchmal erhört Gott Gebet in der Weise, dass Menschen gesund werden.

Aber viel häufiger habe ich erlebt, dass ich gebetet habe, und der Kranke ist trotzdem gestorben. Die Mutter von drei Kindern mit 37 Jahren an Brustkrebs. Der Bauunternehmer, Vater von sechs Kindern, mit 48 Jahren an Prostatakrebs. Sie hatten noch so viel vor. Hat das Beten da nicht geholfen?

Ich glaube, Beten hilft immer. Und zwar auf drei verschiedene Arten:

1. Manchmal wird der Kranke gesund.
2. Manchmal findet er sich besser mit seiner Krankheit ab, kann das Schwere aus Gottes Hand annehmen. So wie der schwerbehinderte Schriftsteller Jürgen Knop. Ich kannte ihn von einem Treffen der NDR-Radiokirche, bei der ich auch mitmache. Er schrieb unglaublich eindrückliche Texte. Vor einiger Zeit ist er gestorben. Er war spastisch gelähmt, saß im Rollstuhl und konnte seine Arme nie stillhalten. Es war extrem mühevoll für ihn, eine Gabel zum Mund zu führen oder am Computer die Tasten zu treffen, wenn er arbeitete. Er schrieb darüber: „Die Menschen nennen mich behindert, und sie haben recht, das bin ich auch. Die Menschen nennen mein Leben kostspielig, und sie haben recht, das ist es auch. Die Menschen nennen mich unproduktiv, und sie haben recht, das bin ich auch. Nur Gott nennt mich seine gute Schöpfung, und er hat recht, das bin ich auch.“ Ein selbstbewusster, kraftvoller Umgang mit der eigenen Behinderung, durch Glauben und Beten.
3. Manchmal hilft Beten auch dabei, besser zu sterben. Auch das habe ich erlebt. Eine alte Frau, die es nicht mehr zur Kirche schaffte,

wollte gern das Abendmahl feiern. Mehrfach mussten wir den Termin verschieben. Dann klappte es endlich, wir feierten einen eindrücklichen Gottesdienst bei ihr zu Hause. Sie wirkte recht fit und sehr wach. Kannte alle Lieder auswendig, betete laut das Vaterunser mit. „Denn dein ist das Reich und die Kraft und die Herrlichkeit in Ewigkeit." Am nächsten Morgen rief die Tochter an: „Mutter ist heute Nacht für immer eingeschlafen. Und wissen Sie, mit dem Abendmahl gestern: Ich hab das Gefühl, dass sie das noch gebraucht hat."

Beten hilft leben oder es hilft sterben

Hiskia bekam noch 15 Jahre. Hiskia, der Name bedeutet: „Meine Stärke ist Jahwe" – und das hatte er erfahren. Angenommen, er war bei seinem Gebet 40, dann starb er also mit 55. Auch noch nicht wirklich alt, oder? Doch ich bin sicher, er hat diese verbleibenden Jahre anders gelebt als vorher. Bewusster. Das erzählen Menschen oft, die eine Krise oder eine schwere Krankheit überstanden haben. Ihre Zeit wird kostbarer. Auf einmal werden Gespräche geführt, die vorher nicht möglich waren. Und man unterscheidet mehr, was wirklich wichtig ist.

Auch der Dichter Matthias Claudius kommt in seinen Liedern immer wieder auf dieses Thema. Etwa in den sieben Strophen von „Der Mond ist aufgegangen".[14] Was als eine romantische Betrachtung von Mond und Sternen beginnt, endet mit dem kranken Nachbarn und dem Satz: „Kalt ist der Abendhauch." Und dazwischen geht es um des Tages Jammer (2), um falsche Ziele (4) und ums Sterben (6). „Wollst endlich sonder Grämen aus dieser Welt uns nehmen durch einen sanften Tod; und wenn du uns genommen, lass uns in Himmel kommen, du unser Herr und unser Gott."

Für Matthias Claudius waren das vertraute Themen. Als Elfjähriger hatte er erlebt, wie drei seiner Geschwister an einer Seuche starben. Der

Schatten des Todes begleitete ihn auch, als er selbst verheiratet war und Kinder hatte. Sein erster Sohn, Matthias, starb nach der Geburt. Seine Tochter Christiane erlag mit zwanzig Jahren einem Nervenfieber. Bei ihrem Tod sagte er: „Wer nicht an Christus glauben kann, der muss sehen, wie er ohne ihn zurechtkommt. Ich und du können das nicht. Wir brauchen jemand, der uns hebe und halte, solange wir leben, und der uns die Hand unter den Kopf legt, wenn wir sterben sollen."

Manchmal hilft Beten, dass jemand in Frieden sterben kann. Manchmal hilft es auch, dass jemand gesund wird und leben kann. Wie Hiskia. 15 Jahre, um bewusster zu leben. Sich für Gott einzusetzen. Konzentriert aufs Wesentliche. Mit Gottvertrauen und Zuversicht im Herzen. Für Matthias Claudius sah das so aus: „Gott, lass dein Heil uns schauen, auf nichts Vergänglichs trauen, nicht Eitelkeit uns freun. Lass uns einfältig werden und vor dir hier auf Erden wie Kinder fromm und fröhlich sein."

Besser scheitern

Bäume und Pflanzen zerbrechen in der Regel nicht im Sturm. Sie biegen sich mit dem Wind und werden widerstandsfähig. Sich biegen, statt zu zerbrechen, so können auch Menschen Krisen bewältigen und ihre Resilienz vergrößern.

Der irische Schriftsteller Samuel Beckett wollte gerne Wesentliches hervorbringen. Doch er scheiterte immer wieder. Und so machte er einfach das Scheitern zum Thema seiner Theaterstücke. Damit wurde er berühmt. In einem Pub in Dublin sahen wir einen seiner Aussprüche über der Theke hängen:

„Have you ever tried? Have you ever failed? Try again. Fail again. Fail better. "

„Hast du es je versucht? Bist du je gescheitert? Versuch es noch einmal. Scheitere noch einmal. Scheitere besser."

So war auch Becketts Schaffen. Sein berühmtes Theaterstück „Warten auf Godot“ wollte zuerst kein Theater aufführen. Bereits 1949 hatte er es fertiggestellt. Aber erst 1953 fand sich ein Theater in Paris, das bereit war, es zu spielen. Überraschenderweise war es gleich ein Erfolg. Die Hauptfiguren sind die beiden Landstreicher Estragon und Wladimir. Sie verbringen an einem unbestimmten Ort ihre Zeit, warten auf Godot, den sie nicht kennen, von dem sie nichts Genaues wissen, nicht einmal, ob es ihn gibt. Godot erscheint bis zuletzt nicht, das Warten auf ihn ist vergeblich.

Die beiden sitzen da, umsonst, sinnlos. Beckett meint, die Kunst werde immer wieder daran scheitern, die Absichten des Künstlers wiederzugeben. Das heißt aber nicht, dass man es nicht weiter versuchen sollte.

Ein neuer Horizont tut sich damit auf. Beckett ist überzeugt: Wenn Menschen sich sagen: „Ich habe es immer wieder versucht, bin immer wieder gescheitert, aber egal, wieder versucht, wieder gescheitert, besser gescheitert“, dann bräuchten sie immer weniger Angst vor dem Scheitern zu haben. Dann könnten sie gelassen damit umgehen und das Scheitern sei keine Bedrohung mehr. Im Gegenteil: Es ist eine Chance, neue Erfahrungen zu machen.

Dem Zufall auf die Sprünge helfen

Viele Krisen sind wichtige Wendepunkte. Eine Tür ist zugegangen – aber es gibt vielleicht drei andere, die offen sind. Menschen in einer Krise bleiben oft bei sich selbst und erwarten gar nichts mehr. „Trainiere, das positiv Unerwartete zu sehen“, empfiehlt Christian Busch, Professor an der New York University.[15] Und zwar auch bei Ereignissen, die auf den ersten Blick schiefgelaufen sind.

Der klassische Einstieg bei Schnulzenfilmen: Ein Mann läuft einer Frau vors Fahrrad, sie kann nicht mehr ausweichen, und er geht zu Boden. Es gibt nun zwei Möglichkeiten zu reagieren:

Version 1: Du hilfst ihm auf und bittest tausendmal um Entschuldigung. Er sagt, alles okay, nicht so schlimm. Du hast das Gefühl: irgendwie ein netter Typ. Aber ihr verabschiedet euch und beide gehen ihrer Wege. Hinterher denkst du: Was wäre passiert, wenn ich mit ihm ins Gespräch gekommen wäre? Und du ärgerst dich über eine womöglich verpasste Gelegenheit, deinen Traummann zu finden.

Version 2: Du hilfst ihm auf, ihr stellt fest, er ist nicht verletzt, du bittest um Entschuldigung und sagst: „Kann ich Sie zur Entschädigung auf einen Kaffee einladen?“ Oder: „Geben Sie mir Ihr Jackett, ich lass es reinigen und bring es Ihnen dann wieder.“ Du stellst also einen Kontakt her, und vielleicht entwickelt sich etwas daraus und du lernst deine große Liebe kennen.

In Schnulzenfilmen weiß die Zuschauerin natürlich von Anfang an: Was mit dem Missgeschick begann, wird mit der Hochzeit enden. Aber ob so etwas auch im Alltag passiert? Wer nicht wagt, der nicht gewinnt.

Erfolgreiche Menschen sehen Unerwartetes, Unerwünschtes nicht als Feind. Sie nutzen es und machen mehr aus solchen Zufällen als andere. So wie amerikanische Forscher, die ein neues Herzmittel entwickelt hatten. Es wurde an freiwilligen Probanden getestet. Am Ende wollten die männlichen Probanden die Medikation nicht zurückgeben. „Warum?“, fragten sich die Forscher und stellten überrascht fest: Das Mittel steigert die Potenz. Eine völlig unbeabsichtigte Nebenwirkung. Diese zufällige, ungewollte Entdeckung nutzten sie – und entwickelten Viagra.

Positive Zufälle zu erzeugen, kann man einüben. Etwa durch die sogenannte „Haken-Strategie“. In einem Gespräch mit einer fremden Person kann man bewusst Haken setzen, Anknüpfungspunkte bieten. Die Bereiche erwähnen, an denen ich gerade arbeite, für die ich mich interessiere.

Etwa so: Wenn ich mich jemandem vorstelle, auf einer Party, auf einem Kongress, dann sage ich nicht nur: „Ich bin Pastorin und wohne in Northeim.“ Sondern ich setze Haken, auf die mein Gegenüber einsteigen kann. Ich sage also beispielsweise: „Ich schreibe Bücher, im Moment arbeite ich an einem Buch über Zuversicht. Und einmal die Woche gehe ich zu einem Italienisch-Konversationskurs, denn ich liebe Italien." Womöglich sagt mein Gegenüber dann: „Das ist ja interessant. Ich mache einen Buchblog, vielleicht kann ich dein Buch da auch mal vorstellen?" Oder: „Wow, wir suchen gerade jemanden, der ab und zu Italienisch übersetzen kann, kannst du uns helfen oder irgendwen empfehlen?"

Auf diese Weise erweitert man sein soziales Netz. Es können neue, hilfreiche Kontakte entstehen. Das stärkt unsere Resilienz. Die Haken-Strategie funktioniert natürlich auch umgekehrt: Ich kann Fragen anders stellen. Anstelle von: „Was machst du?", kann ich fragen: „Was fandest du an dem Vortrag gerade am spannendsten?" Und schon ist man in einem inhaltlichen Gespräch, aus dem sich anderes entwickeln kann.

Die gute Nachricht ist: Je mehr wir üben, das positiv Unerwartete zu nutzen, desto mehr wird unser Gehirn darin trainiert. Und das lohnt sich. Wir lernen neue Menschen kennen, neue Möglichkeiten eröffnen sich.

Der französische Chemiker Louis Pasteur sagt: „Der Zufall begünstigt den vorbereiteten Geist." Pasteur experimentierte im 19. Jahrhundert lange Zeit mit verschiedenen Formen der Gärung. Er erkannte, dass unterschiedliche Mikroorganismen eine Rolle spielen. Zufällig entdeckte er dabei auch, wie man Lebensmittel haltbar und krankheitserregende Keime unschädlich machen kann. Wer heute im Supermarkt Milch kauft, wird auf der Packung lesen, dass sie *pasteurisiert* ist. Ein Zufallsprodukt von Pasteurs Forschung.

Markenzeichen: „Pleitier"

Das Geschäft war sein Lebenstraum gewesen. Ein kleiner Sportladen im Herzen der Kleinstadt, mit Laufanalyse, Joggingklamotten, Sportbekleidung, Schuhen. Kai Sommer, 38 Jahre alt, ist selbst passionierter Läufer. Doch seine Geschäftsidee funktionierte nicht so, wie er gehofft hatte. Die Leute kauften lieber die Billigangebote beim Discounter. Er machte Werbung, war bei jedem Stadtlauf präsent, bot Kurse an. Das kam gut an, aber kaufen wollten einfach zu wenige. Er arbeitete rund um die Uhr und schrieb trotzdem rote Zahlen. Schließlich musste er Insolvenz anmelden. Aus der Traum vom eigenen Sportgeschäft.

Auch privat lief es nicht. Seine Ehe ging in die Brüche.

Schon als Kind in einer Familie mit drei weiteren Geschwistern hat er Nähe vermisst. Über Gefühle wurde nicht geredet. Das konnte er auch als Erwachsener nicht. Nach der Scheidung hatte er einige Beziehungen mit Frauen, aber die habe er auch alle „in den Sand gesetzt". Nun ist er an einem Punkt angekommen, wo er nicht mehr weiterweiß. Beruflich und privat die totale Pleite. In dieser Situation kommt er zu mir (JWP) in die Psychotherapie.

Hier lernt er, über seine Gefühle zu sprechen, ohne Angst, abgelehnt zu werden. Vor einigen Monaten hat er Erika kennengelernt. Eines Tages nimmt er seinen ganzen Mut zusammen und erzählt ihr alles. Auch das, was misslungen ist, womit er gescheitert ist. Erika ist dankbar, dass er ihr „reinen Wein" eingeschenkt hat. Es hat ihrer Beziehung gutgetan. Die beiden können seitdem viel offener miteinander reden.

Kai Sommer findet eine neue Arbeit in einer Elektronikfirma. Sein Lebenstraum vom eigenen Geschäft ist geplatzt. Und doch hat er dabei nicht nur verloren. In der Therapie sieht er sich seine Pleiten an, die beruflichen und privaten. Kommt seinen Gefühlen auf die Spur. Lernt, Nähe zuzulassen und sich zu zeigen mit seiner Angst. So wird er fähig zu einer tieferen Beziehung. Persönlich hat er gewonnen.

Seinen Traum hat er verwandelt, auf andere Gleise gelenkt. Seit einiger Zeit läuft er Marathon und nimmt auch an Triathlon-Wettbewerben teil. Auch hier musste er lernen, mit dem zufrieden zu sein, was sein Körper leistet. 3,8 km schwimmen, 180 km Rad fahren und anschließend noch 42,195 km laufen, allein das überhaupt zu schaffen, ist eine ungeheure Leistung. Er muss nicht zur Spitzengruppe der Triathleten gehören, um stolz auf sich zu sein.

Wenn die Verwirklichung von Träumen fehlschlägt, wachen Menschen unsanft in der Realität auf. Aber ist das denn so schlimm? Und wäre es besser gewesen, man hätte es nie versucht? Vielleicht hätte man wichtige Erfahrungen versäumt und wertvolle Seiten der eigenen Persönlichkeit nie kennengelernt. Stark ist es doch, den Fehlschlägen ins Auge zu sehen, daraus Nutzen zu ziehen und sich neue Ziele zu setzen. Nach dem beliebten Spruch: hinfallen, Krone richten, weitermachen.

„Nur wer nach der Niederlage liegen bleibt, ist ein Versager." Dieses Motto hat sich Anne Koark zu eigen gemacht. Die gebürtige Engländerin weiß, wovon sie redet. Ihr Unternehmen ging 2003 pleite. Aber sie ließ sich nicht unterkriegen, gründete den Verein „Bleib im Geschäft" und schrieb ein Buch über ihre Erfahrungen.[16] In Deutschland, so hat sie beobachtet, hafte einer Pleite ein unglaublich schlechtes Image an. Briten gingen viel lockerer damit um. Natürlich verliere man viel, aber man verliere nicht alles. Vor allem verliere man nicht sich selbst. Sie selbst habe aus der Insolvenz gelernt, wie wichtig es sei, seinen Humor zu behalten. Denn, so ihr Resümee: „Lachen kann man nicht pfänden."

Anstelle eines wohlklingenden Titels hat Anne Koark „Pleitier" auf ihrer Visitenkarte stehen. Sie erklärt: Ein Bankier hat sehr viel Geld, ein Privatier viel Zeit und ein Pleitier sehr viel Erfahrung. Sie bezeichnet sich selbst als V. I. P. = Very Intensively Pleite.

Übrigens: Gerade, als ich dieses Kapitel schrieb, stürzte mein PC komplett ab – und damit war die Arbeit der letzten 60 Minuten verschwunden. Denn ungefähr so lange hatte ich nicht gesichert. Wenn ich so im Flow des Schreibens bin, vergesse ich das Sichern manchmal einfach. Tja, da muss ich mir wohl jetzt mal was einfallen lassen. Aus Fehlern kann man schließlich lernen – ich auch.

5. Engelskreis statt Teufelskreis – wie wir Resilienz bei Kindern fördern können

„Das ist ein Teufelskreis", sagen wir manchmal und meinen: Man ist in einem Problem gefangen, kommt nicht mehr raus, und es wird immer schlimmer. Etwa so: Dein Kind wurde eingeschult und du machst jeden Tag mit ihm Hausaufgaben. Du möchtest nicht, dass es die falsch macht. Wenn es sagt, es kann eine Aufgabe nicht, zeigst du ihm, wie es geht. Du sitzt jeden Tag neben deinem Kind und hilfst ihm. Das Kind verliert nach und nach das Vertrauen in seine eigene Kompetenz. Sagt oft: „Ich kann das nicht." Und ist auch immer weniger motiviert, die Hausaufgaben zu machen. Häufig gibt es Kampf und Geschrei. Du wirst immer genervter und dein Kind zeigt immer mehr Abwehr. Ein Teufelskreis.

Die gute Nachricht ist: Es gibt auch einen Engelskreis: Du lässt dein Kind von Anfang an seine Hausaufgaben selbst machen. Wenn es dabei Fehler macht, ist es okay. Aus Fehlern lernt man am meisten. Das vermittelst du ihm. Wenn das Kind jammert: „Ich kann das nicht", sagst du: „Ja, du kannst es noch nicht. Ich stehe dir zur Seite, wenn du Hilfe brauchst. Aber lernen kannst du nur selbst."

Du übergibst deinem Kind die Verantwortung für seine Hausaufgaben. Und mit jeder allein erledigten Aufgabe, mit jedem gelösten Problem wächst sein Selbstvertrauen und seine Kompetenz.

Einen Engelskreis, den habe ich auch bei meinem Konfirmanden Peer erlebt.

Mit seinem Fahrrad flitzt Peer durchs Dorf. Und zum Konfirmandenunterricht. Zehn Konfis, damit kommt er klar, aber große Gruppen machen ihm Angst. Peer ist Autist. „Bei der Spielszene an Heiligabend kann er nicht mitmachen“, sagt die Mutter, „reden vor vielen Leuten ist für ihn der Horror.“ – „Muss er nicht“, sage ich, „aber ich könnte ihm eine Rolle schreiben, in der er nichts sagen muss, wollen wir das versuchen?“ Peer guckt zweifelnd. Aber alle Konfis machen mit, und er probiert es. Die Szene spielt in einer Kneipe. Peer hat eine Schürze um, er bringt den Gästen Bier, räumt Tische ab. Und wirft einen Gast raus, der nicht zahlen will. Das macht ihm Spaß. Er packt den Typ am Kragen, schmeißt ihn aus der Kirchentür und knallt sie zu. Wumms. – Die Proben klappen super.

Heiligabend kommt die Mutter aufgelöst zu mir. „Ich glaube nicht, dass er mitspielt“, sagt sie, „er hat zu Hause dermaßen Panik geschoben, wir sind vollkommen fertig.“ – „Wir gucken einfach mal“, sage ich. Die Kirche ist voll. Peer setzt sich zu den Konfis. Als ihre Szene kommt, geht er wie selbstverständlich mit den anderen nach vorne, spielt mit Bravour. Ich kann es kaum fassen. Denn ich ahne, wie viel Kraft ihn das kostet. Für mich ein Weihnachtswunder. Die Eltern haben Tränen in den Augen. „Wir haben es gefilmt“, sagen sie. „Wenn wir wieder an Peer zweifeln, werden wir uns diesen Film ansehen.“

Nicht nur die Eltern wurden durch dieses Erlebnis ermutigt. Auch Peer selbst ging gestärkt daraus hervor. Drei Monate später war der Vorstellungsgottesdienst der Konfirmanden. Als Thema hatten sie sich Zachäus aus der Bibel ausgesucht. Ein Zollbeamter, der im Stadttor saß, den Leuten zu viel Geld für Zölle abknöpfte und sich den Überschuss in die eigene Tasche steckte. Alle hassten ihn. Bis er Jesus begegnete, das veränderte ihn komplett.

Wieder übten wir eine Spielszene ein. Dass Peer mitmacht, pantomimisch, war diesmal überhaupt kein Thema mehr. Er spielte einen Kaufmann, der durch den Zoll wollte und bezahlen musste, zu viel natürlich. Widerwillig zog er Geld aus seiner Tasche. Doch der Zöllner hielt weiter die Hand auf – also noch einen Schein und dann noch einen. Peer spielte wunderbar, man sah ihm den Ärger an seinem Gesichtsausdruck und seinen Gesten an. Im Weggehen vom Zoll hob er drohend die Faust. Alle waren hochzufrieden.

Wenn man Kindern zutraut, ein Problem zu bewältigen, und wenn sie das schaffen, wirkt das selbstverstärkend. Beim nächsten Mal geht es schon viel leichter. Ein Engelskreis eben.

Resilienz vermehrt sich, je mehr wir sie benutzen

Gastbeitrag von Mareike Fell

In meinen Gesprächen mit Eltern kommen viele Fragen auf. Ich gehe hier exemplarisch auf einige ein, die häufig gestellt werden.

„Frau Fell, wie wird mein Kind endlich so, wie ich es mir wünsche? Selbstbewusst, eigenständig und mit gesundem Selbstvertrauen.“

Ich frage dann zurück: „Sind Sie denn selbstbewusst? Wie viel trauen Sie Ihrem Kind zu? Sind Sie mutig genug, Ihrem Kind nicht zu helfen?“

„Wie, nicht helfen? Aber ich werde mein Kind doch nicht fallen lassen!“

Das meine ich damit auch nicht. Ich erlebe in meiner Praxis oft sehr ambivalente und auch hilflose Eltern. Einerseits wollen sie, dass die Kinder später selbstbewusst und eigenverantwortlich sind, ausgestattet mit einem gesunden Selbstvertrauen. Man könnte auch sagen: Sie sollen resilient sein. Andererseits macht es vielen Eltern große Angst, die Grundlagen für genau diese Eigenschaften zu legen.

Nun ist Resilienz etwas, was wir nicht in einer Tüte kaufen können. Resilienz ist das Ergebnis eines ganz bestimmten Denkens, Fühlens und Handelns. Eine Fähigkeit, die es uns erlaubt, wie die Weide im Wind mitzuschwingen, anstatt zu brechen.

Grundsätzlich bringen Kinder eine natürliche Resilienz mit – versteckt in all den Eigenschaften, die Eltern so anstrengend finden: Nehmen wir die kleinen Chaoten, die ihre Eltern stressen – perfekt! Sie orientieren sich ständig neu. Werden sie in Zukunft vor einem Problem stehen? Wohl kaum. Sie werden sich einfach neu orientieren und sich anpassen. Das kennen sie. Probleme kennen sie nicht.

Oder die Kinder, denen alles egal ist. Sie werden wahrscheinlich niemals wegen Burn-out bei mir sitzen, denn sie haben eine ganz natürliche „Egal-Kompetenz“, wie ich gerne sage.

Oder die „Trotzköpfe“, die in ständigem Widerstand leben. Sie machen sich die Welt, wie sie ihnen gefällt. Der Trotz ist einer der kraftvollsten Anteile – in jedem von uns. Um diese Kinder mache ich mir keine Sorgen. Sie sind stark.

„Mein Kind will nur tun, wozu es Lust hat. Das geht doch nicht!“

Klar, das klingt natürlich völlig unvernünftig. Aber auch das ist eine Kompetenz, die ich vielen Erwachsenen – und dabei erstaunlich vielen Müttern – erst wieder nahebringen muss: sich Lust und Freude zu erlauben.

Sie merken schon: Eigentlich sind Kinder resilient. Und jeder von uns war es einmal. Was also ist passiert? Ich habe verschiedene Ursachen ausgemacht, die diese uns angeborene Resilienz verstummen lässt.

Ganz vorneweg sind es unsere hohen Familienideale, die Menschen überfordern und den Alltag so anstrengend machen:

Man darf als Mutter oder Vater nicht rumschreien.

Man muss ruhig bleiben. Immer. Zen-artig, fast unmenschlich verständnisvoll.

Man darf vor den Kindern nicht streiten. Man darf aber auch nicht heimlich streiten. Eigentlich soll man doch vor den Kindern streiten, muss aber dann ein friedliches Ende finden.

Man muss in einem Ehebett schlafen.

Man muss den Kindern Struktur geben.

Man muss viel qualitativ hochwertige Zeit mit den Kindern verbringen.

Man muss als Familie alles gemeinsam machen.

Man muss immer für die Kinder da sein.

Man darf nicht egoistisch sein.

Eigentlich muss man sich für die Familie aufgeben.

Und dann sitzt bei mir die Mutter mit zwei Kindern, alleinerziehend, und versucht, all dies einzuhalten. Der Druck für sie ist noch größer, weil sie sich ja getrennt hat. Aber dieser Mutter geht es nicht gut. Sie zerbricht an ihren hohen Familienidealen. Sie wird dünnhäutig und schreit die Kinder an, fühlt sich deswegen schlecht und hat Schuldgefühle. Sie kann nicht mehr. Willkommen im Mutter-Burn-out. Resilientes schwingungsfähiges Verhalten ist das nicht. Es ist an bürgerliche Vorstellungen angepasstes Verhalten.

„Aber ich muss doch für meine Kinder da sein."

Wenn man resilient ist, tut man, was gerade gebraucht wird und was möglich ist – nicht, „was man tun muss".

Ruhe kommt bei dieser Mutter ins System, als ich gemeinsam mit ihr alles, was nicht geht, streiche.

Sie badet die Kinder nur noch einmal die Woche.

Sie erlaubt sich, ab und zu mit ihnen Pizza vor dem Fernsehen zu essen.

Sie regt sich nicht mehr über die Unordnung in der Küche auf.

Ihr ist egal, was die anderen sagen.

Sie zeigt den Kindern ihre eigenen Grenzen auf, indem sie sagt, dass sie keine Kraft zum Spielen hat, sondern einfach mal gar nichts machen möchte.

Kinder können das aushalten. Sie fühlen sich nur schuldig, wenn sich die Eltern für sie aufgeben.

Und mit der Ruhe der Mutter werden auch die Kinder wieder ruhig, denn Kinder spüren, wenn Eltern schwach werden. Und das macht ihnen Angst. Dann tragen Kinder die Last der Eltern – und das ist das Letzte, was liebende Eltern wollen. Kinder wollen, dass Eltern sich gut um sich selbst kümmern. Sie wollen unter dem Radar fliegen. Nicht im Fokus stehen und wichtige Entscheidungen treffen müssen. Viel lieber wollen sie auch mal gegen Entscheidungen der Eltern sein dürfen.

Was weiter Resilienz bei Kindern verhindert, ist die Angst der Eltern. Die Angst, dass die Kinder nicht ins System passen, wenn sie sich nicht anpassen, dass aus ihnen „nichts wird".

„Ich will doch nur das Beste für mein Kind."

Es ist das, was mir in meiner Praxis immer wieder begegnet: Die Kinder dürfen heute im Grunde alles, werden in jeder Hinsicht unterstützt – aber versagen dürfen sie bitte nicht. Denn das macht den Eltern ja Angst.

Die Frage ist doch: Wie kann ich meinem Kind zur Seite stehen und es begleiten, während ich es auch mal scheitern lasse?

Viele Eltern können es nur schwer aushalten, wenn Kinder den schwierigen Weg gehen. Es braucht also als Gegenspieler der Angst ein tiefes Vertrauen: einerseits in unser Kind, dass es seinen Weg schon gehen wird. Aber auch in uns, dass wir es doch bisher auch gut geschafft haben.

Wie entsteht denn dieses Vertrauen?

Ist es nicht der Glaube daran, dass wir beschützt sind? Und dass jeder von uns die Lösung für sein Problem bereits in sich trägt. Wo stehen Sie denn heute? Wo kommen Sie her? Waren die Umwege nicht eigentlich die wichtigen Momente in Ihrem Leben? Und waren nicht die Schwierigkeiten, die es zu überwinden gab, die wahren Momente des Lernens?

Denn um stark zu werden für Krisen, braucht es: Krisen! Probleme! Resilienz hat eine wundervolle Eigenschaft: Sie wird mehr, je mehr wir sie benutzen. Sozusagen ein Engelskreis statt eines Teufelskreises. Mit Teufelskreis meinen wir ja, dass alles immer schlimmer wird und man aus diesem Kreis nicht mehr rauskommt. Man ist gefangen im Teufelskreis. Im Engelskreis dagegen befruchten sich die gefundenen Lösungen immer weiter, es entsteht ein sich selbst verstärkendes Kraftfeld. Dazu braucht es von klein auf Krisen und Probleme, die das Kind zeternd und wetternd bewältigen darf, damit die Resilienz wächst und das Kind die Wirkung des Engelskreises spürt.

Und genau dann erleben wir immer häufiger, dass wir ein Problem bewältigen können. Aus einem verzweifelten „Das hat ja noch nie geklappt“ wird zunehmend ein selbstbewusstes „Das hat doch schon mal geklappt“. Es vermehrt sich auf wundersame Weise und wird zum Engelskreis. Der Anstoß ist gesetzt, um dann auch in Zukunft mehr und mehr lösungsorientiert zu denken. Dabei erlebt man sich als selbstwirksam, und daraus wächst dann tiefes Selbstvertrauen. Nur wenn wir uns neu und anders verhalten, lernen wir neue, passendere Kompetenzen als die bisherigen. Also, raus aus der Komfortzone! Das gilt auch und gerade für die Kinder.

„Soll ich etwa mein Kind mit seinen Problemen alleinlassen?“

Nein. Sie vermitteln Ihrem Kind: „Ich bin immer da, wenn du Hilfe brauchst und darum bittest. Aber ich lasse dir den Raum, das Problem selbst zu lösen.“

Denn Kinder werden resilient, wenn sie in jedem Alter ihre Probleme selbst erleben und lösen dürfen. Dann werden sie später zu schwingungsfähigen Erwachsenen, die an Krisen nicht zerbrechen. Wenn das Kind aktiv und eigenständig Lösungen gestalten darf, fühlt es sich nicht mehr ohnmächtig und ausgeliefert, sondern erlebt sich kraftvoll und selbstbewusst.

Als Eltern den Raum dafür zu geben, kann heißen, dass das Kind ohne Jacke aus dem Haus darf, obwohl es sehr kalt ist – die Jacke ist aber natürlich als Sicherheit im Gepäck. Das Kind darf hier seine Erfahrung, zu dünn angezogen zu sein, selbst machen. By the way: Kinder werden nicht krank, wenn sie mal kurze Zeit frieren.

Und beim nächsten Mal wird das Kind vermutlich selbst daran denken, eine Jacke anzuziehen.

In höherem Alter ist die Schule ein spannendes Lernfeld für Eltern, die Selbstwirksamkeit der Kinder zu ertragen: Oft übernehmen Vater oder Mutter die Verantwortung für Hausaufgaben, Lernen, Ranzenpacken und Termine – die Schule muss ja laufen. Hier lauert die Angst. Das Kind soll es genau so machen, erlebt sich aber ohnmächtig und geht – Überraschung – in den Widerstand. Je früher Eltern dem Kind erlauben, selbst für die Schule verantwortlich zu sein, desto besser wird es klappen. Auf diesem Weg auszuhalten, wenn es stolpert, auszuhalten, wenn die Noten mal nicht gut sind oder das Kind zu spät zur Schule kommt – und die Folgen in aller Konsequenz dem Kind zu überlassen: Das ist die eigentliche Herausforderung für die Eltern.

Eltern dürfen also leider nicht „helfen“. Denn wenn sie Teil der Lösung sind, ist es nicht die selbst erbrachte Lösung des Kindes, es ist nicht seins.

Nun kann es aber sein, dass das Kind schreit und weint und leidet. Es geht ihm in der Krise fürchterlich und es fleht um Hilfe! Und natürlich wollen wir einschreiten und helfen. Ich kann das so gut verstehen. Für das Kind ist es ja auch unbequem, selbst auf Lösungen kommen zu müssen, Gefühle des Frustes, der Wut und Begrenzungen aushalten zu müssen. Darauf hat doch keiner Lust. Und auch die Eltern müssen diese Gefühle zulassen und aushalten – und dem Kind gleichzeitig vermitteln: „Ich bin da, ich stehe zu dir. Ja, das ist jetzt schwer, aber du schaffst das!"

Doch oft wird Kindern diese Erfahrung, es selbst zu schaffen, aus Mitleid (oder aus Angst) genommen. Dabei ist genau dies der Moment des Resilienz-Trainings! Stattdessen wird ihm erklärt, warum etwas Sinn macht, in der verrückten Annahme, dass das Kind dann plötzlich versteht und Lust dazu hat. Aber wie wäre es, das Kind Dinge, die zu tun sind, einfach ohne Lust tun zu lassen? Oder mit Angst? Vielleicht sogar „trotz-dem"?

Würden Eltern sich und ihrem Kind vertrauen, würden sie akzeptieren, dass es dem Kind keinen Spaß machen muss, dass das Kind nicht „Hurra" rufen muss, dass es schreien und zetern darf, wenn etwas getan werden muss, denn diese Eltern wissen, dass es nur so lernt, mit all den Gefühlen und Problemen umzugehen.

„Aber wie jetzt, Frau Fell: Ich soll mein Kind fallen lassen?"

Nein. Ganz im Gegenteil. Wo ist nun die Grenze zum Fallenlassen? Wo müssen wir sehr wohl helfen? Denn natürlich gibt es diese Grenze, wo eine Herausforderung für ein Kind zu groß ist. Diese Grenze kann nicht allgemein genannt oder gar an einem Alter festgemacht werden, sondern ist von der individuellen kindlichen Entwicklung abhängig. Sie kennen Ihr Kind selbst am besten! In den Momenten, wo es schwierig wird, kann Ihnen die folgende Frage bei der Orientierung helfen: „Traue ich meinem Kind die Lösung dieses Problems zu?"

Wenn die Antwort in unserem Kopf ist: „Ja, das kann es sehr wohl schaffen“, dann ist dies ein hervorragender Moment, um resilientes Denken, Handeln und Fühlen zu üben und zu lernen. Es wird dann Teil des Kindes, weil es sich diese Art zu denken selbst erarbeiten durfte. Es übt, mit all den Emotionen, die es in diesem Moment überkommen, umzugehen. Ein wahrer Moment der Frustrationstoleranz.

Hilfreich ist es, gemeinsam mit dem Kind herauszufinden, was es braucht, damit es die aktuelle Krise oder das Problem selbst bewältigen kann. Wir begleiten es in seiner Lösungssuche:

„Unter welcher Bedingung würde das klappen? Was brauchst du dazu, mein Kind? Du bist die Expertin / der Experte deines Problems!“

Wichtig dabei ist: Ich darf als Kind auch stolpern und mal so richtig versagen, ohne dass die Eltern in Angst geraten. Das Kind spürt: Meine Eltern vertrauen darauf, dass ich das schon schaffe. Hier kann ich mich als Kind anlehnen und Sicherheit tanken, selbst wenn mich mein kindliches Problem gerade sehr herausfordert.

„Dann darf mein Kind machen, was es will?“

Nein, das wäre Vernachlässigung und Alleinlassen. Ich möchte Ihnen zur Orientierung ein Bild geben: Stellen Sie sich einen Gang mit vielen Türen vor. Manche Türen führen ins Nichts, andere führen in weitere Gänge mit weiteren Türen. Wir Erwachsene wissen um die Türen. Das Kind, das gerade in diesem Flur steht, nicht. Nun geht es los und probiert die Türen aus. Es ist unsere elterliche Verantwortung, ihm jetzt zu sagen, wo es besser nicht durchgeht und wo es weitergehen kann. Dabei ist es okay, wenn das Kind sauer ist, weil es nicht durch diese eine Tür gehen soll. Wir schreiben auch nicht einfach vor, wo es langgehen soll, denn dann geht das Kind in den Widerstand. Will es unbedingt durch eine Tür, lassen wir es gehen – und sind die sichere Stimme im Hintergrund, wenn es zurückwill, weil es erkannt hat, dass es tatsächlich nicht geht. Aber es darf durch die Tür. Gleichzeitig begleiten wir es dabei, wie es denn nun weitermachen will, wenn es sich verlaufen hat. Was braucht es, damit es das nächste Mal die richtige Tür findet?

Im Laufe der Zeit wird das Kind dann von selbst erkennen, welche Türen gut sind und welche nicht. Es wird durch seinen reichen Erfahrungsschatz an falsch gegangenen Wegen auch wissen, wie es von allein zurückkommt. Vielleicht entdeckt es aber auch Türen, die Sie sich selbst nie getraut haben zu öffnen. Das wird das resiliente Kind sein, das sicher durch sein Labyrinth des Lebens finden wird – eventuell ein ganz anderes als Ihres.

Mareike Fell ist Heilpraktikerin für Psychotherapie und systemische Einzel-, Paar- und Familienberaterin in Hamburg.

Hilf mir, es selbst zu tun

Manche Erkenntnisse, wie Kinder resilient und verantwortungsbewusst werden, finden sich schon in der Bibel, z. B. beim Priester Eli (1. Samuel 1–3). Er wendete sie allerdings nicht bei seinen Söhnen an. Als Vater war er ein Flop. Er ließ den beiden Jungs alles durchgehen und war viel zu nachgiebig. Die Kinder schlugen völlig über die Stränge. Als junge Männer verhielten sie sich verantwortungslos und korrupt. Sie hatten Sex mit den Frauen, die am Heiligtum arbeiteten. Und sie bereicherten sich an den Opfergaben der Israeliten – sie steckten sich also quasi die Kollekte in die eigene Tasche. Ihr Vater schimpfte mit ihnen und beklagte sich, aber er duldete ihr Verhalten und zog keine Konsequenzen.

Zugleich war Eli ein begnadeter Seelsorger und Lehrer. Da ist eine Frau namens Hanna. Lange haben sie und ihr Mann versucht, ein Kind zu bekommen, aber es klappt nicht. Und damit nicht genug: Die zweite Frau ihres Mannes, Penina, hat Kinder. Und sie ist so gemein zu Hanna. Ständig brüstet sie sich mit ihrer Kinderschar. Die Leute bewundern die Kinder und Hanna muss dann immer sagen: Nein, das sind nicht meine, das sind Peninas. An manchen Tagen kann Hanna nicht essen vor Kummer.

Eines Tages sitzt Hanna im Tempel. Sie fleht Gott an: „Wenn du mir einen Sohn schenkst, soll er dir gehören." Eli denkt: Die Frau ist betrunken. Sie weint und bewegt stumm die Lippen. Eli sagt: „Schämst du dich nicht?" Hanna erwidert: „Du irrst dich, ich bin nicht betrunken. Ich habe gerade mein ganzes Herz vor Gott ausgeschüttet." Da hat Eli eine Eingebung. Er sagt zu Hanna: „Geh in Frieden. Gott wird deine Bitte erfüllen."

Und so kommt es auch. Hanna bekommt Samuel. Das bedeutet: „Von Gott erhört." Und: „Von Gott gesendet." Beides stimmt – für seine Herkunft und für seine Zukunft. Samuel bleibt drei Jahre bei Hanna. So lange wurden Kinder damals in der Regel gestillt. Dann bringt sie ihn in den Tempel zu Eli. Dort soll er weiter aufwachsen, unterrichtet vom Priester und in Gottes Nähe.

Mit drei Jahren, da lösen Kinder sich mehr und mehr von den Eltern ab und entdecken die Welt draußen. Jetzt müssen sie lernen, Regeln und Grenzen zu beachten. Hirnforscher sagen, das ist fundamental wichtig. Im Gehirn werden jetzt Straßen gebildet für soziales Verhalten und Verantwortungsbewusstsein. Ab dem dritten Lebensjahr kann das Kind verstehen, welche Folgen sein Handeln hat. Sein Vorderhirn wird nun bis zum Alter von zehn Jahren entscheidend strukturiert. Jetzt muss es Werte vermittelt bekommen und lernen, Regeln einzuhalten. Dadurch wird es sozial kompetent und lebenstüchtig. Der Hirnforscher Joachim Bauer sagt: Wer diese Erziehung nicht leistet, versündigt sich an der biologischen Reifung des kindlichen Gehirns. Die Folge sind auf sich selbst bezogene oder psychisch gestörte junge Menschen.

Wenn Dreijährige schon an Aufgaben herangeführt werden, schult das ihre soziale Kompetenz, und sie trauen sich nach und nach mehr zu. Was Eli als Vater nicht gelungen ist, gelingt ihm als Lehrer von Samuel. Er leitet ihn an, ihm im Tempel zur Hand zu gehen. Samuel entwickelt sich gut. Eine Lehrkraft, die ihnen Werte vermittelt und sie wertschätzt und ermutigt, von der lassen sie sich auch leiten.

Unsere Tochter Brita hatte in Religion und im Mathe-Leistungskurs einen Lehrer, dem sie und alle ihre Freundinnen sozusagen aus der Hand fraßen. Kurz vor dem Abi erhielten sie und alle anderen aus ihrem Mathe-Leistungskurs eine blaue Postkarte von diesem Lehrer. Auf die Rückseite war die verkleinerte Kopie eines seiner eigenen Zeugnisse geklebt: fast nur Vieren und in Mathe eine Fünf. Vorne auf der Karte stand: „Mach's gut, Brita, oder besser." Brita war fassungslos: „Der hatte in Mathe eine Fünf und ist Mathelehrer geworden? Wahrscheinlich kann er deshalb so gut erklären, weil er als Schüler auch nicht alles verstanden hat." Die Karte ging Brita direkt ins Herz. Überhöhte Leistungsanforderungen wurden zurechtgerückt. Sie sagt: „Es nahm so sehr den Druck raus." Auf humorvolle Art wurde ihr vermittelt: Du kannst es zu etwas bringen, auch wenn du kein Einser-Abi schreibst. Was für eine geniale pädagogische Aktion.

Das A und O gelungener Pädagogik ist die gute Beziehung zwischen Lehrenden und Lernenden. Auch bei Eli und Samuel klappt es. Samuel bekommt mehr Aufgaben im Tempel. Alle mögen ihn, Gott und die Menschen. Mit der Zeit braucht Eli zunehmend Hilfe. Er kann kaum noch sehen. Samuel schläft im Tempel bei der Bundeslade. Das war das wichtigste Heiligtum der Israeliten: Eine Truhe, in der die Tafeln mit den Zehn Geboten aufbewahrt wurden. Eines Nachts hört Samuel eine Stimme. Er denkt, es war Eli, und läuft zu ihm. Aber Eli sagt: „Ich habe nicht gerufen, schlaf weiter." Das Gleiche passiert noch zweimal. Samuel kapiert nicht, was los ist. Eli aber wird klar: Gott will mit seinem Schüler in Kontakt treten. Er sagt: „Leg dich wieder hin. Und wenn Gott noch mal ruft, dann antworte: ‚Rede, Herr, dein Knecht hört.'"

Eli traut Samuel zu, es alleine zu schaffen. Er gibt ihm Tipps, wie er sich verhalten soll, aber er sagt nicht: „Ach, mit Gott sprechen, dafür bist du noch zu jung und unerfahren, das ist ein paar Nummern zu groß für dich, ich komm lieber mit und übernehme das." Nein. Eli hält sich zurück. Das Gespräch mit Gott muss Samuel selbst führen. „Hilf mir, es selbst zu tun“, das war der Leitsatz der Reformpädagogin Maria Montessori. Ich als Lehrer gebe dir die Hilfe, die du brauchst, aber ich nehme dir das eigene Handeln nicht ab. Genau das beherzigt Eli hier.

Und es funktioniert: Gott und Samuel haben direkten Kontakt. Was Samuel hört, ist schockierend: Gott wird Eli und seine Söhne bestrafen. Denn die Söhne hätten Gott missachtet, und Eli habe es nicht verhindert. Schlimmes Verhalten hat Folgen, lernt Samuel. Für solche Konsequenz war ihm Eli mit seinen Söhnen kein Beispiel gewesen. Was Gott hier sagt, ist also mehr für Samuel als für Eli. Das Unglück, das Elis Familie treffen wird, wird Samuel angekündigt und zugleich gedeutet. Eli wusste es schon, er war bereits vorher von Gott informiert worden.

Ein krasser Start seiner Prophetenkarriere. Samuel bringt es nicht übers Herz. Er zeigt Anteilnahme und Mitgefühl, will Eli schonen und schweigt. Dass Schüler ihre Lehrerin schützen, das habe ich in meiner Ausbildung zur Berufsschulpastorin erlebt. Einmal kam mein Dozent in den Unterricht, ausgerechnet in meine schwierigste Klasse. Und was passierte? Die Jugendlichen verhielten sich lammfromm. Verbündeten sich quasi mit mir gegen den Eindringling. Einer raunte mir zu: „Wer ist das? Der ist doof!“ Mich hat das berührt. Ich hatte das Gefühl, da ist irgendwie eine Saat aufgegangen. Als es drauf ankam, hielten wir zusammen.

Aber Eli kann das nicht durchgehen lassen. Er muss wissen, was Gott gesagt hat. Gott redet ja nicht zu Menschen, damit sie sein Wort als Geheiminformation abspeichern. Es muss unter die Leute. Genau das ist die Aufgabe eines Propheten. Samuel lernt hier von Eli Grundlegendes für seine künftige Arbeit. Er soll ein Sprachrohr Gottes sein. Und dabei spielt es keine Rolle, ob das, was er zu sagen hat, den Menschen gefällt. Oft wird es sie sogar wütend machen. Eli reagiert eher resigniert. Stets hat er den Konflikt mit seinen Söhnen gescheut. Jetzt ist er alt und fast blind, und die Erziehung ist gelaufen. Die Söhne sind erwachsen. Es ist zu spät. Eine bittere Erkenntnis. Eli sagt: „Ja, es war der Herr, der das gesagt hat. Er wird tun, was er für richtig hält." Kein Gefühlsausbruch vor seinem Schüler, Eli ist ganz professionell: Samuel wird nicht mit hineingezogen in die Sache zwischen Eli und Gott.

So wird Samuel von Eli vorbereitet für seine Aufgabe. Als Prophet wird er Israels wichtigsten König auswählen: David. Sein Leitsatz dabei: „Der Mensch sieht, was vor Augen ist, aber der Herr sieht das Herz an." Eine fundamentale pädagogische Weisheit. Bestimmt hat er sie von Eli gelernt.

Kinder brauchen Geschichten

Eine Zeit lang galt es mal als problematisch, Kindern Märchen zu erzählen. Da käme ja so viel Schlimmes vor, und das würde den Kindern Angst machen, so dachte man. Dann schrieb der amerikanische Psychologe Bruno Bettelheim ein programmatisches Buch. Es hat den Titel: „Kinder brauchen Märchen". Denn Märchen, so Bettelheim, nehmen die sowieso vorhandenen Ängste der Kinder auf, in einer Symbolsprache, die die Seele versteht.

Man kann Kinder gar nicht angstfrei erziehen. Denn sie haben sehr sensible Antennen für das, was um sie herum passiert, und sie entwickeln Ängste. Als unsere Kinder klein waren, lebten wir in einem Pfarrhaus auf einem Dorf. Wir hatten dort Katzen und Hühner. Die Kinder erlebten: Katzen fressen Mäuse, und manche Hühner werden vom Fuchs geholt. Unser Sohn Nils liebte die Hühner sehr. Der Fuchs war für ihn das Angsttier. In ihm verdichteten sich alle seine Ängste. Abends konnte er nicht einschlafen aus Furcht vor dem Fuchs. – Das war keine Angst, die wir ihm anerzogen hatten. Sie entstand aus dem, was um ihn herum passierte, bei uns und auch bei anderen Leuten im Dorf. Diese Angst hatte auch nicht so viel mit dem realen Fuchs zu tun. In seiner Fantasie war es ein übermächtiges gefährliches Tier.

Jedes Kind hat andere Wesen, in die es seine Ängste projiziert.

Diese Ängste, so sagt Bruno Bettelheim, werden in den Märchen aufgenommen. So wie der Fuchs bei Nils ein Fantasiewesen war, so ist es ja auch der Wolf bei Rotkäppchen. Wolf und Fuchs sind Symbole für das Böse, Gefährliche, Verschlagene. Märchen schildern den Kampf zwischen Gut und Böse. Aber sie gehen immer gut aus. Darum vermitteln Märchen den Kindern das Gefühl: „Du kannst es schaffen. Das Böse wird besiegt!" Und so stärken Märchen die Resilienz, die Widerstandskraft.

Um wie viel mehr vermitteln biblische Geschichten Kindern diese Zuversicht: Außer Mama und Papa ist da noch der Vater im Himmel, der mich lieb hat und auf mich aufpasst. Viele kindliche Ängste werden in den biblischen Geschichten symbolisch abgebildet und überwunden.

Der kleine David, der mit Gottes Hilfe den starken Riesen Goliath besiegt.

Die schöne Esther, die einen mächtigen König umgarnt, um ein ganzes Volk zu retten.

Petrus, der im Sturm und den hohen Wellen des Sees Genezareth unterzugehen droht, aber dann an der Hand von Jesus festgehalten wird.

Maria Magdalena, die als Erste dem auferstandenen Jesus begegnet und erfährt: Jesus ist stärker als der Tod.

Biblische Geschichten zeigen Kindern: Viele Probleme können mit der Hilfe Gottes gelöst werden. Mit Gott hast du einen starken Freund an deiner Seite, auf den du dich verlassen kannst. So kann in den Kindern eine Art Urvertrauen wachsen.

Und das färbt auch manchmal auf Eltern ab. Tatsächlich fangen manche durch die Fragen ihrer Kinder an, sich mit dem Glauben zu beschäftigen. Diese Kinderfragen können ja schon ganz schön kniffelig sein. „Kommt meine Katze in den Himmel?" – „Hast du Gott schon mal gesehen?" – „Wo steht Gott, wenn er auf mich aufpasst?"

„Ich lese meinen Kindern oft aus der Kinderbibel vor", sagte mir eine junge Mutter, „und auch für mich erschließt sich da vieles neu. Und ganz ehrlich, ich verstehe die auch viel besser als die richtige große Bibel."

Kinder können übrigens auch Pastorinnenmütter mit ihren religiösen Fragen manchmal ganz schön ins Schleudern bringen:

Abendgebet mit unserer Tochter Nora, sie war sechs Jahre alt. „Kranken Herzen sende Ruh, nasse Augen trockne du, nimm uns endlich allzumal auf in deinen Himmelssaal."

Auf einmal sagt Nora: „Du, Mama, da betet man ja, dass man in den Himmel kommt."

„Ja," sage ich, „dass Gott uns bei sich aufnimmt, wenn wir sterben."

„Das will ich aber nicht", sagt Nora, „ich will noch ganz lange bei euch auf der Erde bleiben." Ich erwidere: „Die meisten Menschen sterben erst, wenn sie alt sind."

Nora: „Ich will aber so in den Himmel, ohne gestorben zu sein."

„Alle Menschen müssen einmal sterben, und dann kommen sie zu Gott."

Nora: „Wenn man gestorben ist, kommt man doch in ein Grab!"

„Stimmt, aber Gott weckt einen wieder auf, so wie er Jesus auch auferweckt hat."

Nora: „Mama, aber dann sind im Himmel ja nur Omas!"

„Wieso denn das?"

„Du hast gesagt, die meisten Menschen sterben, wenn sie alt sind, also sind im Himmel nur Omas."

Tja, wie alt ist man im Himmel? Darüber habe ich noch nie nachgedacht.

„Weißt du, Nora, im Himmel sind auch die Omas wieder jung, sie sind nicht krank und vergessen nichts mehr."

„Da können sie richtig schön spielen", resümiert Nora zufrieden.

Bei vielen Erwachsenen habe ich beobachtet: Wenn ein naher Angehöriger stirbt, erzählen sie ihren Kindern, der Verstorbene sei jetzt im Himmel. Und zwar unabhängig davon, ob die Erwachsenen selbst an Gott glauben oder nicht. Die Sehnsucht ist oft einfach da. Hoffnung auf ein Leben nach dem Tod, im Himmel, bei Gott. Und welch eine Zuversicht gibt es Kindern zu glauben: Die geliebte Oma lebt jetzt bei Gott. Und vielleicht hilft sie ihm, auf mich aufzupassen. Was für ein tröstlicher Gedanke!

Als Udo Lindenbergs langjährige Wegbegleiterin und Privatsekretärin Gabi unerwartet mit 33 Jahren starb, schrieb er das Lied: „Hinterm Horizont geht's weiter." Das gab ihm damals Hoffnung – und vielen Menschen seither. Ein Lied, das gerne bei Trauerfeiern gespielt wird, weil es Hoffnung macht auf die Zukunft.

6. Urlaub – Neustart für die Seele

Den Alltagstrott durchbrechen

Ausruhen stärkt unsere Widerstandskraft. Neue Bilder und Sinneseindrücke füllen den Kopf. Das blaue Meer, weiße Segelschiffe am Horizont. An einem einsamen See liegen, den Blick über das weite Wasser schweifen lassen, dem Plätschern der Wellen zuhören. Fantastische Ausblicke von Berggipfeln. Leuchtende Bougainvillen, der Duft von frischem Basilikum und gehobeltem Trüffel. Frischer Fisch vom Kutter. Bunte Häuser unter südlicher Sonne. Urlaub kann wie ein Neustart für die Seele sein.

Um so richtig abzuschalten, braucht der Körper Zeit, in der Regel mindestens einen Tag. Größere Strapazen sollte man währenddessen meiden.

Auch Beziehungen bekommt der Abstand vom Alltag gut. Eine andere Umgebung, neue Eindrücke. Zusammen schwimmen, wandern, Rad fahren, in die Oper gehen. Gemeinsame Aktionen können Paare und Familien neu verbinden.

Mit unseren drei Kindern haben wir in den Ferien manchmal Radtouren über mehrere Tage gemacht. Ich erinnere mich noch genau an unsere erste Tour: der Mainradweg von Würzburg bis Schweinfurt. Am ersten Abend gleich die totale Pleite. Wir hatten kein Hotel vorgebucht, hatten nicht bedacht, dass Weinlesezeit war und überall Weinfeste stattfanden. Alles ausgebucht in Volkach. Wir fühlten uns wie Maria und Joseph, die an jeder Tür abgewiesen wurden. In einem Hotel gab es noch ein Einzelzimmer. Für fünf Personen? Aber was sollten wir machen? Die Kinder fanden es lustig. Es war eng, aber romantisch. Am nächsten Tag ging es los. Unsere jüngste Tochter Nora fuhr mit ihrem kleinen Zwanziger-Rädchen ohne Gangschaltung eifrig mit. Bereits nach einer Stunde fragte sie: Wann sind wir endlich da? Ich fuhr oft seitlich neben ihr und unterstützte sie mit der Hand auf ihrem Rücken. Kinder brauchen Ziele, wie zum Beispiel ein Eis im nächsten Ort. Motivation ist alles. In Würzburg mussten wir einen Berg hochfahren zu einem alten Schlosshotel. Die Steigung nahm kein Ende. Wir malten den Kindern das Schloss aus als einen geheimnisvollen Ort mit Türmen und verwunschenen Geheimgängen. So schafften sie den Berg hoch. Am Eingang des Schlosses begrüßte uns eine Stimme, sobald wir die Türmatte betraten. Die Kinder waren fasziniert und probierten es immer wieder aus. Von Müdigkeit keine Spur mehr. Das Schloss erkunden war angesagt. Abends beim Essen gab es viel zu erzählen. Wir hatten so viele neue Impulse bekommen, dass unsere Gespräche ganz anders verliefen als zu Hause. Neue Themen, neuer Kontext, neue Form des Miteinanders, neue Bilder in unseren Köpfen. Zum Streiten war gar keine Zeit. Wir konnten das Essen in der traditionellen Weinstube richtig genießen. Bis heute erinnern wir uns gerne an diese viertägige Tour.

Neue Studien haben ergeben, dass es nicht sinnvoll ist, alle Erholung in einen einzigen zwei- bis dreiwöchigen Jahresurlaub zu packen. Mehrere Kurzurlaube von wenigen Tagen haben einen erstaunlich nachhaltigen Effekt. Bis 45 Tage danach konnten Forscher noch Wirkungen nachweisen. Man schläft besser und man kann mit Stress besser umgehen. Auch Kurzurlaub in den eigenen Wänden kann erholsam sein, sofern man es schafft, dem Alltag zu entkommen.

Wer im Beruf viel sitzt, dem tut es gut, wenn er sich im Urlaub bewegt und Sport treibt. Körper und Geist werden angeregt, wenn man Dinge macht, die zu Hause zu kurz kommen: wandern, Rad fahren, fotografieren, Bücher schreiben. Ich lese gerne im Urlaub Bücher, für die ich sonst keine Zeit habe. Eine Leidenschaft von mir sind Reiseführer.

Pausen fördern die Resilienz. Gerade wenn man viel um die Ohren hat, braucht man Auszeiten. Für uns als Ehepaar war es sehr nervenaufreibend, als unsere Mutter, bzw. Schwiegermutter, zunehmend vergesslich wurde. Sie wohnte 180 km entfernt. Sie zu besuchen, mitzuerleben, wie sie immer orientierungsloser wurde, der Haushalt immer unordentlicher, die Papierberge immer größer, der Kühlschrank immer voller, das war schwer. Und dazu wurde sie sehr misstrauisch und wir mussten vorsichtig und teilweise heimlich alles regeln, damit sie gut versorgt ist. Das hat uns emotional sehr belastet. Manchmal sind wir danach noch zwei oder drei Tage ans Meer gefahren. Dort bekamen wir andere Bilder in den Kopf und konnten die Probleme in die zweite Reihe setzen.

Kurzurlaub muss ja nicht teuer sein. Bevor wir das theologische Examen absolvierten und die anstrengendste Lernphase begann, machten wir eine Woche Urlaub. Wir hatten nicht viel Geld. Ein Freund vermittelte uns eine Privatunterkunft im Berner Oberland. Sie kostete nur 10 D-Mark pro Tag! Es gab kein fließendes Wasser, waschen mussten wir uns draußen am Brunnen. Die Toilette war ebenfalls im Hof. Wir aßen hauptsächlich Brot, Käse und Obst. Jeden Tag unternahmen wir lange Wanderungen durch die herrliche Alpenlandschaft. Was für grandiose Ausblicke. Abends kamen wir wohltuend erschöpft in unser Quartier, mit unvergesslichen Bildern im Kopf. Es war ein erholsamer Urlaub, in dem wir allen Prüfungsstress vergaßen.

Mit dem Fahrrad über die Alpen

Vor einigen Jahren haben meine Frau und ich mit dem Fahrrad die Alpen überquert. Es war schon länger unser Traum gewesen, bis an den Gardasee zu radeln – ohne E-Bike. Ich kaufte mir natürlich zuerst einen Reiseführer.

Wir wählten die Via Claudia Augusta, die bereits die Römer vor 2000 Jahren nutzten. Während ich mich in den Radreiseführer vertiefte, fühlte ich ein angenehmes Gefühl in der Brust. Aufregung. Herzklopfen. In meiner Fantasie sah ich uns mit unseren Rädern auf einem Alpenpass stehen, sonnenbeschienen und braun gebrannt. Wir malten uns die Reise in bunten Farben und Bildern aus. Vorfreude ist die beste Freude. Das erleben wir oft, wenn wir eine Reise planen.

Wir teilten die Tour in sieben Tage ein. Für die Übernachtungen suchten wir schöne Unterkünfte, in denen wir nach der Radtour noch entspannen konnten. Massagen für unseren verspannten Nacken. Schwimmen, um den Rücken zu entlasten. Ausblicke auf die herrliche Bergwelt. Verwöhnen mit gutem Essen.

Wochen vor der Reise trainierten wir jeden Mittwochabend, indem wir auf den Wieter, unseren Hausberg, radelten. Das geht ziemlich steil bergan. In der Gipfelkneipe teilten wir uns glücklich eine Currywurst.

Als es endlich so weit war, zeigte sich der Sommer von seiner sonnigsten Seite. Im Inntal waren es 40 Grad, Schatten gab es auf der Strecke kaum. Ein krasser und äußerst schweißtreibender Start. Wir erfrischten uns zwischendurch im kalten Inn. Am dritten Tag stand der Reschenpass auf dem Programm. Wir starteten morgens um acht, als es noch angenehm kühl war. In elf Kehren ging es höher und höher. Vor diesem Anstieg hatten wir uns etwas gefürchtet. Aber, oh Wunder – er war längst nicht so steil wie unser Northeimer Hausberg. Ziemlich gemütlich fuhren wir die Serpentinen hoch. Bald erreichten wir die Passhöhe. 1504 Meter. Ein überwältigendes Gefühl. Das hatten wir alles aus eigener Kraft geschafft. Irre. Wir waren total geflasht. Die Alpen! Da überquert man ja nicht nur eine Wetterscheide. Das hat gewaltige historische Dimensionen, ist fast archaisch: Hannibal bezwang sie und die alten Römer, in umgekehrter Richtung die Germanen. Pilger liefen die Route auf dem Weg zum Papst nach Rom. Goethe wanderte über die Alpen und Heinrich Heine. Wir sind also auf den Spuren gewichtiger Ereignisse und berühmter Menschen unterwegs. Irgendwie war das ein bedeutsamer Moment. Die Apfelschorle und das mitgebrachte Brot schmeckten besser denn je. Dann natürlich: Fototermin vor dem Gipfelschild und das Bild an Freunde verschicken. Ein bisschen angeben gehört dazu. Glückshormone durchfluteten uns und euphorisch radelten wir den Reschensee entlang zu unserer Unterkunft.

Von jetzt an ging es nur noch bergab, über Meran, Bozen, Trento. Zauberhafte Bergdörfer. Traumhafte Landschaft, entlang der Etsch und vorbei am Stilfser Joch. Dann durch endlose Apfelplantagen. Am siebten Tag mussten wir noch einmal eine Bergkette überwinden und konnten dann unsere Räder hinunter zum Gardasee rollen lassen. Erschöpft und glücklich kamen wir dort an. Was für eine geniale Tour. Eine Urlaubs-Sternstunde. Noch heute erzählen wir mit leuchtenden Augen davon. Und jedes Mal werden durch die Erinnerungen glückliche Gefühle aktiviert.

Sternstunden können ansteckend sein. Unsere Begeisterung kann sich auf andere übertragen und sie auf Ideen für eigene Sternstunden bringen. Ein Kollege berichtete mir (LP), er sei mit seinem Partner mit dem Zug bis zum Brenner gefahren, und von dort seien sie bis Venedig geradelt. Ich lachte mich schlapp. „Zwei Männer mit Anfang 40, und so eine Weichei-Tour? Da geht es ja nur bergab." Und berichtete ihm stolz von unserer Alpenüberquerung. Das stellte er sich mega anstrengend vor. Aber er war sehr interessiert. Zu seinem Partner sagte er: „Wenn Lui das geschafft hat, dann müssten wir das doch auch schaffen." Wir luden die beiden dann mal ein und zeigten ihnen Fotos von unserer Route. Im nächsten Sommer bekam ich eine Postkarte vom Reschenpass. Mein Kollege schrieb: „Lui, du hattest recht: Mit dem Fahrrad hier hochzufahren, war überhaupt nicht so schlimm, wie wir befürchtet hatten. Was für ein tolles Erlebnis. Eine Sternstunde. Danke dir für die Inspiration."

Seitdem überqueren die beiden jedes Jahr auf einer anderen Route die Alpen. Jedes Jahr eine neue Sternstunde auf einem Alpenpass. Und ich bekomme immer tolle Fotos geschickt.

7. Schlafend zum Leistungshoch

Wer schlecht schläft, ist meistens am Tag auch nicht richtig fit. Hängt durch, kann sich schwer aufraffen und ist schlecht gelaunt. Gut schlafen ist für unsere Power und Resilienz förderlich, und wir können es durchaus beeinflussen. Nachts arbeitet unser Gehirn ganz intensiv, das wissen wir heute aus der Schlafforschung. Manche haben sogar richtige Erleuchtungen im Schlaf. So ging es z. B. dem Apostel Paulus.

Den Seinen gibt's der Herr im Schlaf

Paulus war vollkommen frustriert. Erst war doch alles so gut gelaufen mit seinem Projekt: Im Libanon, in Syrien, auf der Insel Zypern, in der Türkei – überall hatte er den Menschen von Jesus erzählt, und es waren neue christliche Gemeinden entstanden. Aufbruchsstimmung, wohin man sah.

Doch auf einmal kommt alles ins Stocken. Er zerstreitet sich mit seinem engsten Mitarbeiter, sie trennen sich. Paulus findet zwar einen neuen Reisegefährten, den jungen Timotheus. Aber mit seinem Projekt, neue Gemeinden zu gründen, geht es nicht voran. Gerade jetzt, wo er doch Timotheus anlernen will, interessiert sich niemand für sie. Im Zickzack verläuft ihre Reiseroute, kreuz und quer ziehen sie durch Kleinasien, vom Südosten in den Südwesten und von da in den Norden fast bis ans schwarze Meer und dann wieder westlich bis ans Mittelmeer. Luftlinie ca. 1000 km! Aber nirgends sind sie gefragt, sie sind auf einmal mega-out, stoßen überall auf Hindernisse.

Paulus ist in einer Sinnkrise. Er weiß nicht mehr, wo's langgeht, hat keinen Plan, kein Ziel. Schließlich landen er und Timotheus in der Hafenstadt Troas. Endstation. Da kommt jetzt nur noch das Meer.

Manchmal ist das so nach einer langen Durststrecke: Auf einmal hat man eine Idee, auf einmal sieht man ganz klar, was jetzt dran ist, und man fragt sich: Warum ist mir das nicht schon früher eingefallen? Warum hat Gott mich so lange zappeln lassen? Neue Wege brauchen Zeit, manchmal auch eine intensive Zeit der Sinnkrise.

Auf einmal jedenfalls tut sich bei Paulus was. Eines Nachts hat er einen Traum. Er sieht einen Europäer vor sich, genauer gesagt einen Griechen, der sagt: Komm herüber und hilf uns. Und plötzlich ist alles klar, er sieht wieder Land, er weiß, wie der Weg weitergehen soll, und hat auch das ganz sichere Gefühl: Das ist jetzt das Richtige. Europa – Paulus soll neues Terrain betreten, mit dem Schiff von Asien nach Europa, von der Türkei nach Griechenland übersetzen.

Im Schlaf, im Traum hat Paulus erkannt, was jetzt für ihn dran ist: Brich auf zu neuen Ufern. Lass Asien hinter dir, Europa ist jetzt angesagt. Vielleicht sind wir selbst manchmal deshalb so gelähmt, weil wir uns vom Alten nicht lösen können. Etwa von der fixen Idee, eine Sache unbedingt zu Ende bringen zu müssen. Vielleicht wollte Paulus erst die gesamte Türkei missionieren. Aber Gott wollte, dass er nach Europa ging! Vielleicht gibt es auch bei uns Wunschträume, die wir erst aufgeben müssen, ehe wir neues Terrain erkunden können.

Als Paulus erkennt, was jetzt für ihn dran ist, da fackelt er nicht mehr lange. Er setzt es sofort in die Tat um und schiebt es nicht auf die lange Bank. Das ist klug, denn er nutzt die Kraft der Vision. Den mächtigen Anschub, der darin steckt. Und so setzen sie gleich am nächsten Tag über, fahren mit dem Schiff über das östliche Mittelmeer und reisen nach Philippi in Mazedonien. Und da gründen sie dann die erste christliche Gemeinde in Europa.

Viele Ideen und Erfindungen sind Menschen im Schlaf gekommen. „Den Seinen gibt's der Herr im Schlaf", heißt es in Psalm 127. Ja, manchmal ist das so.

Albert Einstein soll im Bett die wesentlichen Aspekte der Relativitätstheorie erkannt haben. Plötzlich sah er, so wird es erzählt, die Formel $E = mc^2$ vor seinem geistigen Auge.

Schon lange hatte der Chemiker August Kekulé sich gefragt: Wie sind die sechs Kohlenstoff- und sechs Wasserstoff-Atome des Benzol-Moleküls angeordnet? Eines Nachts träumte er von einer Schlange, die sich selbst in den Schwanz beißt – ein uraltes Alchemisten-Symbol. Und das war die Antwort: Die Atome bilden eine Ringstruktur. Der Benzolring war geboren. Auf der Basis von Kekulés Theorien konnten ab den 1860er-Jahren die unterschiedlichsten synthetischen Farbstoffe produziert werden. In der Folge entwickelten sich deutsche Farbstoffhersteller wie Bayer, Hoechst und BASF zu internationalen Marktführern. Die im Traum gewonnene Einsicht von Kekulé hat in kurzer Zeit die Chemie revolutioniert.

Im Schlaf räumt das Gehirn auf

Wenn wir schlafen, regeneriert sich das Gehirn. Räumt auf. Optimiert die Verknüpfungen der vielen Milliarden Nervenzellen. Es ist, als ob wir die Festplatte mit einem Neustart aufräumen und bereinigen. Ein neuer Morgen, ein neues Lied – so heißt ein schwungvoller Song des christlichen Chansonsängers Manfred Siebald.

Erholsamer Schlaf ist die beste Voraussetzung, um den Tag mit Zuversicht zu beginnen und Widerstandskraft zu entwickeln. Tiefer Schlaf schützt sogar gegen Gedächtnisverlust und fortschreitende Demenz bei Alzheimer-Patienten. Das haben Forscher an der Universität in Berkeley kürzlich herausgefunden. Man kann also mit Recht sagen: Schlaf dich gesund.

Wie viele Stunden Schlaf brauchen wir, um erholt zu sein? Zwischen sieben und neun Stunden, sagen Forscher. Eine Nacht mit wenig Schlaf lässt sich meist in der kommenden Nacht nachholen. Aber mehrere durchwachte Nächte sind Stress für den Körper.

Ich (JWP) erinnere mich noch gut an meine Nachtdienste im Krankenhaus: Meist war so viel los, dass ich nur wenige Stunden schlafen konnte. Am nächsten Morgen ging es gleich weiter, wir mussten bis mittags noch auf den Stationen arbeiten. Nach der durchwachten Nacht war ich irgendwie euphorisch. Das ist ein Schutzmechanismus des Körpers. Er funktioniert, weil bei Nachtschichten der Cortisolspiegel früher ansteigt. Dadurch bleibt man fit, denn Cortisol ist das Stresshormon. Wenn man dagegen nachts schläft, sinkt das Cortisol ab und steigt erst morgens wieder an.

Unser Körper hat wunderbare Werkzeuge, um Herausforderungen zu meistern. Aber wenn wir diese Werkzeuge zu häufig einsetzen, werden sie stumpf. Dann sind irgendwann die Reserven leer. Das nennen wir Burn-out-Syndrom.

Jede Nacht durchlaufen wir drei verschiedene Schlafphasen: die Phase, in der wir einschlafen und zunächst leicht schlafen, die Tiefschlafphase und die Phase, in der wir träumen. Der leichte Schlaf dauert bis zu 30 Minuten. Dabei wachen wir leicht auf und sind schnell wieder orientiert und klar im Kopf. Danach verlangsamen sich unsere Hirnwellen und wir gleiten zunehmend in die Tiefschlafphase. Nach 90 Minuten ist der Schlaf dann am tiefsten. Die Atmung wird langsamer. Die Muskeln entspannen sich und regenerieren. Puls und Blutdruck fallen ab. Im Gehirn wird Energie aufgebaut, das Immunsystem wird gestärkt. In dieser Phase sind wir nur schwer aufzuwecken.

An die Tiefschlafphase knüpft sich die Traumphase an. Sie wird auch REM-Schlaf genannt. Das ist die Abkürzung für Rapid Eye Movement, also schnelle Augenbewegungen. Anfangs träumen wir nur kurz, zum Morgen hin länger, ca. zehn bis 30 Minuten. Manchmal können wir uns an unsere Träume erinnern, oft aber auch nicht.

Diese drei Phasen wiederholen sich idealerweise fünf bis sechs Mal in der Nacht. Währenddessen setzt unser Körper das sogenannte Wachstumshormon frei. Bei Kindern sorgt es dafür, dass sie gesund wachsen.

Es hat zudem noch viele andere Wirkungen, durch die wir uns erholen und regenerieren. Schlafcoach Martin Schlott meint, es sei ein regelrechtes Wunderhormon und auch als Antiaging-Hormon bekannt. Es unterstütze die Wundheilung, stärke das Immunsystem, steigere die Gedächtnisfähigkeit. Es lasse die Muskeln wachsen, verbessere das Hautbild und sorge dafür, dass sich die Zellen erneuern[17].

Dieses Wundermittel wird vorwiegend in der Tiefschlafphase zwischen 22 und 2 Uhr nachts freigesetzt. Es ist also empfehlenswert, vor 24 Uhr ins Bett zu gehen, damit unser Körper die Wirkung dieses genialen Hormons nutzen kann.

Schlaf bringt auch Ordnung in unsere Gefühle. Positive Gefühle werden unterstützt. Das Selbstvertrauen wächst, und wir werden mitfühlend und fähig, sozial zu handeln.

Erlebnisse aus dem Kurzzeitgedächtnis werden im Langzeitgedächtnis gespeichert. Vor Prüfungen ausreichend zu schlafen, ist also wirksamer, als noch bis in die tiefe Nacht hinein zu lernen.

Ein Gläschen Wein am Abend kann dem Schlaf bekommen. Zu viel Alkohol hingegen stört ihn. Auch Kaffee und schwarzen oder grünen Tee sollte man nach 18 Uhr nicht mehr trinken. Denn Koffein (das auch im Tee enthalten ist) macht wach, und seine Halbwertszeit liegt bei vier bis fünf Stunden.

Unsere Körpertemperatur sinkt nachts um bis zu ein Grad. Temperaturen zwischen 16 und maximal 20 Grad sind im Schlafzimmer ideal.

Wenn ich als Kind krank war, hat meine Mutter oft zu mir gesagt: „Schlaf dich gesund.“ Auch, wenn wir schon fieberfrei waren, mussten wir noch zwei Tage im Bett bleiben. Das fanden wir sehr hart, und es war vielleicht auch übertrieben. Aber die heutigen neurobiologischen Erkenntnisse zeigen, dass meine Mutter gar nicht so falschlag mit ihrem Rat: „Schlaf dich gesund.“ Denn dabei wird das Immunsystem gestärkt. Wenn ich heute einen Infekt in den Knochen spüre, gehe ich früh ins Bett und schlafe möglichst lange.

Mein Gehirn hat mitgespielt

Eine eindrückliche Erfahrung im Schlaf hat meine Freundin Susanne gemacht. Sie ist Pastorin, hat eine fünfjährige Tochter, aber kurz nach deren Geburt ist die Ehe zerbrochen. Susanne ist sehr patent und tatkräftig, sie packt die Dinge an und kriegt auch die Betreuung der Tochter gemeinsam mit ihrem geschiedenen Mann gut geregelt. Vor Kurzem hatte sie sich zu einer Schweigewoche im Kloster angemeldet. „Wir bekamen morgens einen Bibeltext zum Meditieren", erzählt sie, „und der erste Tag war schon gleich der Hammer: Es ging um Jakob, der von der Himmelsleiter träumt. Diese Geschichte war das Motto unserer Trauung gewesen. Die ganze Hochzeit, schon die Einladungen enthielten Symbole und Verse daraus. Das hat mich total getriggert. Beim Frühstück liefen mir die Tränen ins Birchermüsli. Ich ging dann raus an den Klosterteich und ließ die Tränen fließen. Meine ganze Trauer um unsere zerbrochene Ehe kam hoch. Und ich ließ es zu. Normalerweise neige ich dazu, mich dann schnell abzulenken und zur Tagesordnung überzugehen. Aber diesmal sagte ich mir: Heute darf die Trauer sein. Das hat mich sehr aufgewühlt und beschäftigt. Ein tiefer Schmerz, der sich nun löste, und ich spürte, wie da etwas in mir heilte. – Aber abends war es dann auch genug, und ich betete: Gott, bitte schenk mir morgen einen Text, der emotional nicht so tief reingeht.

In der Nacht träumte ich von den drei Taufen, die ich am Sonntag nach der Klosterwoche feiern würde. Mein Gehirn hat also mitgespielt, es hat im Schlaf die Trauer an die Seite gepackt und hat wieder in den Profimodus gewechselt. Und jetzt rate mal, welcher Bibeltext uns am nächsten Tag gegeben wurde: Die Taufe von Jesus. Das war, als hätte Gott meine Bitte sofort verstanden."

Susannes Gehirn hat im Schlaf aufgeräumt. Tagsüber hat ihre Seele ein unerledigtes Thema ans Licht gezerrt, sie hat sich dem gestellt, im Meditieren, im Gespräch mit der Seelsorgerin, in ihren Gebeten. Abends hat sie es für abgeschlossen erklärt. Und tatsächlich hat das Gehirn es nachts weggeräumt und hat an Susannes Stärken und Kompetenzen angeknüpft. Freude und Selbstvertrauen waren wieder da. Und dass das am Morgen durch den Bibeltext bestätigt wurde, war für sie ein beglückendes Geschenk des Himmels.

Was das Schlafen fördert

„Schlaf schön und träum was Süßes", wünschen Menschen sich manchmal. Die Holländer sagen: „Slaap lekker." Aber haben wir es in der Hand, gut zu schlafen und zu träumen? Ich sage meinen Patienten, die unter Schlafstörungen leiden: Schlaf kann man nicht erzwingen. Irgendwann kommt er ganz von selbst, besonders wenn ich mich nicht mehr bemühe zu schlafen. Schlaf ist keine Frage des Willens, sondern eher des Loslassens. Wie können wir loslassen und den Schlaf fördern?

Ich (JWP) bin sehr begeistert von unserer körpereigenen Apotheke. Die ist wirklich ein Wunderwerk. Allein rund um den Schlaf produziert sie neben dem Wachstumshormon noch vier weitere Hormone.

1. Melatonin

Den stärksten Impuls zum Schlafen gibt die Dunkelheit. Sie bewirkt, dass der Körper das Schlafhormon Melatonin ausschüttet. In unseren europäischen Städten brennen nachts viele Lichter. Dadurch wird dieser Taktgeber oft ausgebremst. Vor einigen Jahren besuchte ich Freunde in Tansania. In ihrem Dorf gab es keinen elektrischen Strom. Die Sonne geht in Zentralafrika um 18 Uhr unter. Dann wurde es stockfinster. Wenn ich abends von einem Besuch zurück in mein Quartier lief, musste ich eine Taschenlampe benutzen. Es war ein bisschen unheimlich. Nirgends brannte Licht, auch in den Häusern und Hütten nicht. Kein Mensch war mehr unterwegs. Wenn es dunkel wird, passiert dort nicht mehr viel. Man geht dann ziemlich bald zu Bett. Morgens um sechs Uhr steht man wieder auf, denn dann wird es hell.

Wer gut schlafen will, sollte dafür sorgen, dass es im Schlafzimmer dunkel ist. Wenn meine Frau und ich im Bett noch lesen, dann mit einem abgedimmten Tolino und nicht mit Nachttischlampe.

Das Licht kann auch helfen aufzustehen. Sobald die Sonne ins Zimmer scheint, ist man schnell hellwach. Wir selbst haben keine blickdichten Jalousien an allen Fenstern. So haben Licht und Dunkelheit eine Chance, unseren Körper zu beeinflussen.

2. Cortisol

Abends zu streiten macht wach. Denn dabei wird das Stresshormon Cortisol ausgeschüttet. Die biblische Empfehlung „Lasst die Sonne nicht über eurem Zorn untergehen“ (Epheser 4,26) hilft also, besser zu schlafen.

Auch surfen im Internet oder fernsehen im Bett reizt die Sinne. Viele meiner Patienten, die nicht schlafen können, sind bis spät in die Nacht im Internet aktiv. Das bremst das Schlafhormon aus, denn der Gegenspieler Cortisol ist dann am Werk.

Wenn man abends müde wird, sollte man auch ins Bett gehen. Kämpft man sich über den toten Punkt hinweg, wird es schwerer, in den erholsamen Schlaf zu finden.

3. Serotonin

Durch Tageslicht wird das Glückshormon Serotonin gebildet. Wir kennen das: Sonne macht gute Stimmung. Wenn meine Frau und ich über die Alpen nach Italien fahren, hebt sich sofort unsere Laune. Das Licht ist dort so anders, intensiver, die Farben leuchtender. Abends dann ein Gläschen Rosé am Gardasee, und wir schlafen wunderbar.

Auch bei Depressionen wirkt Licht: Betroffenen wird eine sogenannte Lichttherapie verschrieben, bei der Lampen mit bis zu 10 000 Lux eingesetzt werden.

Zugleich ist Serotonin eine Vorstufe des Schlafhormons. Wenn ich also tagsüber Licht und Sonne tanke, baue ich hormonelle Vorstufen für guten Schlaf auf.

4. Oxytocin
Kuscheln ist schlaffördernd, denn es setzt das Bindungshormon Oxytocin frei. Man fühlt sich vertraut, warm, geborgen. Das wirkt stressmindernd und entspannend. Man schläft besser. Bei Kindern lässt sich das gut mit Schlafritualen verbinden. Die Gutenachtgeschichte, das Abendgebet, ein beruhigendes Lied, der Gutenachtkuss. Vielleicht auch dem Tag noch mal nachspüren und überlegen: Wofür bin ich heute dankbar? Denn dankbare Menschen schlafen besser, so der Schlafcoach Martin Schlott.

Biorhythmus und Leistungskurve

Unser Biorhythmus schwankt. Das hat mit unseren Hormonen zu tun. Der Volksmund sagt: „Morgenstund hat Gold im Mund." In der Tat werden morgens viele Hormone freigesetzt, die die Leistung steigern. Cortisol zum Beispiel, eins der Stresshormone, steigt morgens rasch an und erreicht etwa um 8 Uhr seinen Höhepunkt. Gegen Mittag fällt es ab. Am frühen Nachmittag kann es noch mal ansteigen, erreicht aber nicht mehr den Stand vom Vormittag. Zum Abend hin sinkt der Cortisolspiegel dann deutlich und erreicht seinen Tiefpunkt zwischen 24 und 3 Uhr in der Nacht.

Im Prinzip ist dieser Biorhythmus dem Menschen von der Natur so vorgegeben. Es gibt natürlich graduelle Unterschiede, man denke nur an den berühmten Morgenmuffel. Die innere Uhr von Morgenmuffeln geht im Vergleich zu Frühaufstehern gut zwei Stunden nach. Das haben niederländische Schlafforscher herausgefunden.

50 % der tödlichen Verkehrsunfälle werden durch Sekundenschlaf am Steuer verursacht. Bei jungen Leuten passieren sie häufig in der zweiten Nachthälfte, also in der Zeit des biologischen Tiefpunktes. Ältere Fahrer verunglücken besonders oft mittags zwischen 13 und 16 Uhr. Dies entspricht dem zweiten biologischen Tief.

Der normale Tagesrhythmus läuft in Phasen ab. Das fand der Psychotherapeut Ernest Rossi heraus. Jede Phase hat einen Gipfelpunkt, an dem wir besonders leistungsfähig und kreativ sind. Danach sinkt die Leistungsfähigkeit ab und wir brauchen eine Ruhepause.

Neben dem 24-Stunden-Rhythmus gibt es wahrscheinlich einen 12-Stunden-Rhythmus mit einem Mittagstief und darüber hinaus noch einen 4-Stunden-Rhythmus. Denn ca. alle vier Stunden wird man müde und schläft leichter ein. Meist um die Mittagszeit, etwa zwischen 13 und 14 Uhr, sowie etwas abgeschwächt zwischen 9 und 10 Uhr (2. Frühstück!) und zwischen 17 und 18 Uhr. Der berühmte Five o'Clock Tea in England liegt also genau zur richtigen Zeit.

Wer diesen Rhythmus permanent missachtet, läuft Gefahr, einen Burn-out zu erleiden. Wir sind nicht geschaffen, um ständig acht oder zwölf Stunden an einem Stück durchzuarbeiten. Wir brauchen den Wechsel von Aktivität und Ruhe.

In südlichen Ländern gibt es die Siesta, eine Mittagspause von etwa 14 bis 16 Uhr. Viele Geschäfte sind dann geschlossen. Die Menschen ruhen sich aus.

In Japan ist es weitverbreitet, ein kurzes Nickerchen zu machen. Powernapping, Energienickerchen wird es genannt. Manche Firmen stellen ihren Mitarbeitern dafür mittlerweile Ruheräume zur Verfügung. Für diesen Energie-Kurzschlaf reichen zehn bis 20 Minuten.

Seit einigen Jahren lege ich mich mittags nach dem Essen kurz hin und bin nach 15 bis 20 Minuten wieder wach und fit. Ich kann mich dann wieder viel besser auf meine Patienten konzentrieren. In der Regel reicht es, sich selbst den Befehl zu geben: Nach 20 Minuten aufwachen! Falls das nicht klappt, kann man sich ja einen Wecker stellen. So ein Mittagsschläfchen sollte nicht länger als 30 Minuten dauern. Denn sonst besteht die Gefahr, in den Tiefschlaf zu fallen, der eigentlich für die Nacht vorgesehen ist.

Kleine Pausen zwischendurch benötigen wir noch häufiger: Wissenschaftler, die die Biorhythmen unseres Körpers erforschen, fanden heraus: Nach 90–120 Minuten Anspannung bemerkt man oft dezente Hinweise, dass eine Pause dran ist: Man reckt sich, beginnt zu gähnen, der Magen knurrt, es unterlaufen kleine Fehler, die Konzentration lässt nach. Viele spüren das Bedürfnis, etwas zu trinken oder zu essen, mit anderen Small Talk zu machen. Danach kann man die Arbeit voll konzentriert wieder aufnehmen. Pausen müssen nicht lang sein: Fünf bis zehn Minuten reichen. Längere Pausen bringen nicht mehr an Erholung.

Auch das Navi unseres Autos ist so konstruiert: Nach ca. zwei Stunden zeigt es eine Kaffeetasse an. Ein guter Hinweis, einen Parkplatz oder eine Raststätte anzufahren und mal aus dem Auto auszusteigen.

Natürlich sollte man die herausforderndsten Arbeiten möglichst in die Zeit legen, in der man sein Leistungshoch erwartet. Man kann das zu verschiedenen Tageszeiten mal testen. Warum nicht einmal morgens um 5 Uhr aufstehen und erleben, wie gut mir die Arbeit um diese Zeit von der Hand geht? Jemand anders ist vielleicht eher eine Nachteule und kann abends noch gut arbeiten.

Als Pastorin konnte ich mir manche Zeiten zum Arbeiten selbst einteilen. Das hatte viele Vorteile, als unsere drei Kinder klein waren. Ich gehöre nicht zu dem Typ: „Früher Vogel fängt den Wurm." Mein inneres Betriebssystem braucht morgens erst mal seine Zeit, bis es hochfährt. Abends kann ich mich aber gut konzentrieren. Predigten vorbereiten oder Gemeindebriefartikel schreiben, das ging wunderbar zwischen 20 und 23 Uhr. Die Kinder waren im Bett, es klingelte kein Telefon und ich war ungestört.

8. Das Wunder des Gesundbleibens

Charlie Chaplin steht am Fließband und weiß eigentlich nicht, für welches Produkt er arbeitet. Wieso muss er ständig die gleiche Schraube anziehen? Er versteht es nicht. „Modern Times", so heißt dieser Stummfilmklassiker von 1936, und Charlie versteht sie nicht, die modernen Zeiten. Verzweifelt versucht er, mit dem Tempo des Fließbands Schritt zu halten. Selbst als er von der Maschine verschluckt wird, hört er nicht auf, die Schrauben anzuziehen. Schließlich landet er in der Nervenheilanstalt.

Fehlender Sinn macht krank. Wer nur funktioniert, reagiert wie eine Maschine. Maschinen fragen nicht nach dem Sinn.

Wer aber die eigene Arbeit als bedeutsam erlebt, bei dem verändert sich etwas im Hirnstoffwechsel. Diesen Menschen gelingt es, auch unter ungünstigen Umständen gesund zu bleiben oder zu werden. Das erkannte der israelische Medizinsoziologe Aaron Antonovsky (1923–1994). Viele Jahre hatte er darüber geforscht.[18]

Lange drehte sich in der Medizin alles darum: Wie werden Menschen krank, welches sind die Risikofaktoren? Was verhindert die Heilung? Antonovsky war der Erste, der die Frage umkehrte: Wie bleiben (oder werden) Menschen gesund? Wie bewältigen sie Stress? Ärztinnen und Ärzte versuchen in der Regel, den Ertrinkenden aus dem reißenden Strom zu reißen. Antonovsky dagegen fragte: „Wie macht man den Menschen zu einem guten Schwimmer?"

Bei seinen Forschungen fand Antonovsky Frauen, die den Holocaust überlebt hatten – und die trotzdem psychisch gesund waren. Auf 29 % der Holocaust-Überlebenden traf das zu. Antonovsky fragte sich: „Was machen diese Frauen anders? Wie haben sie es geschafft, ihr Leben neu aufzubauen, ohne zu zerbrechen?“ Er sah das als Wunder an. Diesem Wunder wollte er auf die Spur kommen. Die Lehre von der Gesundung war geboren: die sogenannte Salutogenese.

Antonovsky fand heraus: Wer Krisen und Schicksalsschlägen einen Sinn geben kann, dem gelingt es besser, sie zu bewältigen. Diese Menschen haben ein Grundgefühl des Vertrauens: „Was mir passiert, ist keine Willkür oder Zufall. Es gibt einen größeren Zusammenhang.“

Ein Musterbeispiel dafür sind für uns unsere Freunde Angelika und Paul. Sie setzen sich Ziele und ziehen die auch durch. Und sie sehen Sinn in dem, was sie tun.

Träume nicht dein Leben, sondern lebe deinen Traum

Angelika ist ein total positiver Mensch. Egal, ob das Essen nicht schmeckt oder das Konzert zu laut ist, sie kann allem etwas Gutes abgewinnen. Selbst bei scheußlichstem Regenwetter fahren sie und ihr Mann Paul mit dem Fahrrad zum Einkaufen oder zum Tanzkreis, und sie finden es wunderbar.

„Wenn wir in Rente sind, ziehen wir aufs Dorf“, erzählte Angelika mir eines Tages. Ihre Augen leuchteten. „Ich möchte da Hühner und Enten halten, Schafe und am liebsten auch einen Esel.“ Ich schüttelte den Kopf und meinte: „Was für eine Schnapsidee. Wenn man älter wird, ist es doch besser, in einer Stadt zu wohnen. Da habt ihr Geschäfte, Ärzte, Kultur.“ Aber dieses Argument beeindruckte sie überhaupt nicht.

Inzwischen haben die beiden ihren Traum verwirklicht. Sie haben in einem kleinen Dorf ein altes Haus mit riesigem Garten gefunden. Neulich haben wir sie dort besucht. Idylle pur: Salat und Tomaten, Äpfel und Zwetschgen werden geerntet. Schafe grasen auf der Wiese, Hühner und Enten picken auf dem Boden. Nur mit dem Esel hat es nicht geklappt. Angelika und Paul sind glücklich.

Und das Beste: Sie wohnen direkt neben der kleinen Kirche. Sie haben sich dort sofort als Küster angeboten. Haben einen Schlüssel bekommen und halten die Kirche täglich offen. Begeistert führen sie ihren Besuch hinein. Bis zu ihrer Ankunft haben nur noch selten Gottesdienste stattgefunden. Unsere Freunde bieten nun regelmäßig Andachten an. Sie sagen: „Ist es nicht wunderbar, wie Gott das gefügt hat? Wir können unseren Traum verwirklichen, und gleichzeitig können wir mithelfen, dass in dieser Kirche wieder mehr gebetet wird."

Wissenschaftler können erklären, warum die beiden so positiv und zuversichtlich sind. Man kann das Gehirn heute mit neuen Methoden durchleuchten. Dabei hat man festgestellt: Wenn Menschen in ihrem Handeln Sinn sehen, dann sind ihre Hirnareale für positive Gefühle stärker entwickelt als die für negative Emotionen.

Angelika und Paul sehen ihr neues Heim und ihre Aufgaben als Geschenk. Das gibt ihnen Lebenssinn.

Auch viele Menschen in der Bibel haben ein solches Grundvertrauen. Z.B. Joseph im Alten Testament. Seine elf Brüder spielen ihm übel mit, verkaufen ihn als Sklaven nach Ägypten. Schließlich landet Joseph sogar im Gefängnis. Als er jedoch am Ende als Vizekönig vor seinen Brüdern steht, kann er ihnen sagen: „Ihr gedachtet es böse mit mir zu machen, aber Gott gedachte es gut zu machen" (1. Mose 50, 20). Er sah Gottes Handeln in dem, was ihm widerfahren war. Dadurch ergab es für ihn Sinn.

Das Gehirn passt sich an

Nach dem Forscher Aaron Antonovsky sind drei Punkte wichtig, um seelisch stabil und zuversichtlich zu werden:

Verstehen
Wenn ich Dinge verstehe, gelingt es besser, sie zu bewältigen, als wenn ich mich einem blinden Schicksal ausgeliefert fühle.

Handhaben
Ich kann etwas tun. Ich werde aktiv. Ich habe Ressourcen und Ideen, um die Probleme zu lösen.

Sinn finden
Mein Einsatz lohnt sich. Die Sache liegt mir am Herzen und ist alle Anstrengung wert.

Aus der Neurobiologie wissen wir heute: Wie ich ticke, wirkt sich unmittelbar auf mein Gehirn aus.

Ein Beispiel dafür sind Geigenspieler. Die Gehirnregionen, die für die Finger der linken Hand zuständig sind, sind bei ihnen deutlich größer als die für die rechte Hand. Das Üben aktiviert immer wieder dieselben Nervenzentren. Hören sie auf, Geige zu spielen, entwickeln sich die entsprechenden Hirnregionen zurück. Unser Gehirn ist sehr flexibel. Es passt sich ständig den äußeren und inneren Einflüssen an.

Was für das Geigenspielen gilt, gilt auch für psychische Störungen. Das Gehirn entwickelt sich entsprechend dem, was wir erleben und tun.

Bei Depressionen sind zum Beispiel drei Hirnareale ständig überaktiv, vor allem ein Bereich im Zwischenhirn. Er ist so groß wie ein Mandelkern und wird auch so genannt. Dort werden unsere Stimmungen verarbeitet und bewertet. Der Mandelkern ist sozusagen der „Rauchmelder" unseres Nervensystems. Bei Depressionen und Angststörungen ist er sehr empfänglich für negative Gefühle, filtert sie besonders heraus. Im Prinzip eine sinnvolle Reaktion, die vor Gefahren schützen soll. Aber bei Menschen mit Depressionen wird diese Reaktion oft auch dann aktiviert, wenn gar keine wirkliche Gefahr besteht.

Unterentwickelt sind bei Menschen mit Depressionen dagegen die

Bereiche im linken Vorderhirn, die für positive Gefühle und Glück zuständig sind. Die Menschen ziehen sich zurück und trauen sich kaum noch etwas zu. Viele sagen, dass sie nichts fühlen, antriebslos seien und ohne Hoffnung.

Wenn ein Mensch mit Depressionen nun erfolgreich psychotherapeutisch behandelt wird, dann bilden sich die Zentren für negative Gefühle wieder zurück. Der Mandelkern wird unempfindlicher dafür. Dies alles gelingt dem Gehirn durch ein kompliziertes Netzwerk von Nervenbotenstoffen.

Unser Gehirn ist ein Meisterwerk. Es besteht aus 100 Milliarden Nervenzellen. Jede davon kann Schaltverbindungen mit 1000 bis 5000 anderen Nervenzellen aufnehmen. Diese Vernetzung ist flexibel und kann bei Bedarf auf- und abgebaut werden. Das nennen Neurobiologen die „Plastizität" des Gehirns. Unser Gehirn hat atemberaubende Möglichkeiten zu reagieren. Es ist nicht von Anfang an fest verschaltet, sondern ergebnisoffen und flexibel. Veränderbar.

Wie kann ich mein Gehirn so programmieren, dass ich zuversichtlich werde und widerstandsfähig? Ein Vorschlag wäre zum Beispiel, dass ich mir jeden Morgen drei Dinge vornehme, wie ich meinen Tag positiv beeinflusse.

Stephen Hawking litt an einer unheilbaren Krankheit, die ihn immer mehr einschränkte. Trotzdem war er voller Energie und Tatkraft.

Er war ein führender Physiker unserer Zeit. Am Ende seines Studiums erkrankte er an der chronischen neurologischen Erkrankung ALS[19]. „Sie haben noch ca. zwei Jahre zu leben", wurde dem 26-Jährigen vorhergesagt. Aber es kam anders. Hawking lebte noch 50 Jahre. Er saß im Rollstuhl, konnte nicht mehr sprechen und nur mithilfe komplizierter Computerprogramme kommunizieren. Dennoch schrieb er Weltbestseller.[20] Die Krankheit lähmte seinen Körper, aber nicht seinen Geist. Hawking nahm sie als Herausforderung an und wurde einer der anerkanntesten Naturwissenschaftler der Gegenwart. In einem Interview vor einigen Jahren sagte er, er sei heute glücklicher als vor seiner Krankheit. Früher hätte ihn das Leben gelangweilt. Doch nun sei ihm bewusst, wie wertvoll es sei. Und er sei stolz darauf, einen bescheidenen, aber wichtigen Beitrag zum Wissen der Menschheit geleistet zu haben.

Woher haben Sie Ihre Lebensfreude?

Neulich besuchte ich (JWP) eine meiner lebensfrohsten und originellsten Patientinnen. Frau Baumann ist 84 Jahre alt. Seit Jahren leidet sie an Diabetes, an einer Herzkrankheit und an Altersleukämie. Zudem versorgt sie ihren fast erblindeten Enkel. Von ihrer Tochter begleitet kam sie bis vor Kurzem noch alle sechs Wochen in meine Praxis. Sie winkte mir immer schon von Weitem entgegen und rief: „Na, Doktorchen, was machen die Kinder?“ Jetzt musste ich sie besuchen, denn sie schaffte es nicht mehr in die Praxis. Ich klingele. Der Türöffner summt. Von oben ruft sie im Morgenmantel: „Dottore, ich freue mich, Sie zu sehen.“ Sie wankt zu ihrem Stuhl und strahlt mich an. Vor zwei Tagen ist sie aus dem Krankenhaus entlassen worden. Nun muss sie drei Mal pro Woche zur Dialyse. Ich messe den Zucker und den Blutdruck. Dann schaue ich die Bilder an der Wand an. Ein Foto zeigt einen jungen Soldaten. „Das ist mein Mann“, sagt sie. Kurz vor dem 2. Weltkrieg hatte sie ihn geheiratet. Im Krieg verlor er ein Auge. Sie machte sich im Bombenhagel auf den Weg, um ihn bei seiner Einheit in Jugoslawien zu besuchen. „Bevor er das andere Auge auch noch verliert, sollte er mich noch gesehen haben“, meint sie. Er überlebte den Krieg. Arbeitete dann als Steinmetz. Ein Jahr später kam es zu einem tragischen Unfall. Ein großer Stein fiel ihm auf den Schädel. Frau Baumann wird mit 26 Jahren Witwe mit zwei kleinen Kindern. Einige Jahre später lernt sie einen anderen Mann kennen, wird schwanger. Vier Wochen vor der geplanten Hochzeit wirft sich ihr Bräutigam vor den Zug.

„So schwere Schicksalsschläge", sage ich erschüttert. „Woher haben Sie Ihre Lebensfreude?" Sie weist auf einen Text von Franz von Assisi, den sie sich eingerahmt hat:

„O Herr, mach mich zum Werkzeug deines Friedens,
dass ich Liebe übe, wo man sich hasst,
dass ich den Glauben bringe, wo der Zweifel drückt,
dass ich die Hoffnung wecke, wo Verzweiflung quält,
dass ich ein Licht anzünde, wo die Finsternis regiert,
dass ich Freude mache, wo der Kummer wohnt.
Herr, lass mich trachten: nicht, dass ich getröstet werde,
sondern dass ich tröste;
nicht, dass ich verstanden werde, sondern dass ich verstehe;
nicht, dass ich geliebt werde, sondern dass ich liebe.
Denn wer dahingibt, der empfängt;
wer sich selbst vergisst, der findet;
wer verzeiht, dem wird verziehen;
und wer stirbt, erwacht zum ewigen Leben."

Frau Baumann sieht ihr Leben vor einem großen Horizont. Liebe üben, ein Licht anzünden, trösten, verzeihen – auf dem Weg zum ewigen Leben. Was für eine Zuversicht.

Als ich nach Hause fahre, denke ich: Kein Wunder, dass Frau Baumann mir immer gesünder erschien als viele andere meiner Patienten, die weniger krank sind.

9. Nächstenliebe stärkt die Zuversicht

Das soziale Gen aktivieren

„Das egoistische Gen" – So lautete der Titel eines Buches, das der britische Biologe Richard Dawkins 1976 veröffentlicht hat. Dawkins meint, die besten Gene würden sich durchsetzen, Leben funktioniere nach dem Motto: Der Stärkere gewinnt.

Der Neurobiologe Joachim Bauer dagegen ist überzeugt: Der Mensch ist für ein sinnerfülltes, soziales Leben bestimmt. Der Titel seines Buches sagt genau das Gegenteil von Dawkins: „Das empathische Gen[21]". Es geht nicht um gute oder schlechte Gene, sagt Bauer. Wichtig sei, wie sie benutzt werden. Es ist wie beim Klavierspielen. Wir entscheiden, welche Stücke wir spielen und welche Tasten dabei gedrückt werden. So werden auch die Gene durch unsere Entscheidungen gesteuert. Der Mensch hat etwa 23 000 Gene. Die meisten davon können wir selbst beeinflussen. Wenn Menschen sozial sind und anderen Gutes tun, dann schützt das ihren Körper. Ihre Risikogene sind weniger aktiv.

Das Gebot „Liebe deinen Nächsten wie dich selbst" (Galater 5,14 und Lukas 10,27) zu befolgen, ist also gesund! Nächstenliebe praktizieren, Mitgefühl zeigen, das macht glücklich und zufrieden. Wer dagegen vorwiegend an sich selbst denkt, wird leichter krank.

2020 fanden amerikanische Forscher heraus: Wer sich zwei Stunden pro Woche ehrenamtlich engagiert, hat eine bessere Gesundheit, fühlt sich zufriedener und findet sein Dasein sinnvoller als Menschen, die sich nicht ehrenamtlich einsetzen. Sogar das Sterberisiko ist um 40 % reduziert.[22]

Und was ist, wenn Menschen Schweres widerfährt? Wenn sie am

Leid verzweifeln und ihren Glauben verloren haben? Joachim Bauer fragte einen katholischen Freund. Der antwortete: „Joachim, Gott leidet mit.“[23] Bauer war beeindruckt. Was für ein bewegender Gedanke: Gott ist uns nah. Er ist voller Mitgefühl. Er nimmt Anteil daran, wie es uns geht. Er trauert mit uns, er weint mit uns. Er sitzt neben uns am Sterbebett, und er steht mit uns am Grab. „Nie mehr allein, wir sind nie mehr allein“, dieses Kinderlied hat unsere siebenjährige Enkeltochter bei Kinderstunden in den Sommerferien neu gelernt und summt es seitdem oft vor sich hin. Nie mehr allein, nicht im Glück und nicht im Leid.

Gott zur Ehr, dem Nächsten zur Wehr

Martin wird es nicht langweilig. Der 45-Jährige ist ehrenamtlicher Brandmeister bei der Feuerwehr. Wie schafft er das, neben seiner Familie mit Frau und drei Töchtern, einem großen Garten und seinem Beruf als Installateur? Ihn begeistert die Gemeinschaft, für andere etwas tun, nach dem Motto: „Gott zur Ehr, dem Nächsten zur Wehr“. „Das schweißt total zusammen. Wir sind ein Team, jeder kann sich auf den anderen verlassen. Und was wir machen, ist so sinnvoll. Wir werden gebraucht.“ Klar, es ist auch anstrengend. Im letzten Jahr hatten sie mehrere Großbrände zu löschen. „Das geht an die Substanz.“

Was motiviert ihn dabeizubleiben? „Es ist schön, wenn man Menschen in ihrer Not beistehen kann. Da halte ich einem Verunglückten, der im Auto eingeklemmt ist, die Hand, sehe ihm die ganze Zeit in die Augen und sage: ‚Ich bin da. Wir holen dich hier raus.‘ Und dann seh ich ihn später gesund durch die Stadt gehen und denke: Wow! Da spüre ich ein tiefes Glücksgefühl im Bauch.“ Außerdem lerne er viele verschiedene Menschen kennen, vom Arbeiter bis zum Doktor. Wenn's brennt, ziehen sie alle an einem Strang. Oft unter Einsatz ihres eigenen Lebens. Denn in ein brennendes Haus zu rennen, das ist nun mal sehr gefährlich.

Ganz wichtig sei die Notfallseelsorge, Gespräche mit Betroffenen und Angehörigen und mit Feuerwehrleuten, denn auch die würden mit manchem nicht fertig. Es sei einfach gut, mit jemandem reden zu können. Gott, Kirche, das gehört für ihn dazu. „Ich hör oft, auch von Kameraden: ‚Mit Kirche, das ist ja alles Schwachsinn', und dann sag ich: ‚Wenn du in einer gefährlichen Situation noch mal davongekommen bist, was sagst du dann automatisch? Genau: Gott sei Dank! Denk da mal drüber nach.'"

Auch wenn es ganz heftig kommt, die Frage nach dem „Warum?" stellt er nicht. Aber das Schicksal der Menschen lässt ihn oft nicht los. Sein schlimmster Einsatz war die Überschwemmungskatastrophe im Ahrtal, „Fünf Tage Dauereinsatz, die Nerven lagen blank. Irgendwann saß ich im Auto und hab nur noch geheult."

Aber manchmal spürt er auch, dass Gott da ist. Auf dem Weg zu einem Einsatz. Ein 17-Jähriger war mit dem Mofa verunglückt, der Helm war Schrott, das Mofa auch, ohne Helm hätte der Junge tot sein können. „Ich habe ihn im Krankenhaus besucht, und er erzählte mir, er hätte den Helm zuerst nicht dabeigehabt, sei noch mal ins Haus zurück, um ihn zu holen. Ich sagte zu ihm: ‚Da hat dir Gott ins Ohr geflüstert: Hallo, du hast was vergessen.'"

Martin ist voller Leidenschaft, wenn er über seine Einsätze spricht. Sein soziales Gen ist hochaktiv und wird ständig trainiert. Anderen helfen, Menschen retten, das macht ihn glücklich.

Vom Schandfleck zum Schmuckstück

Sehr erfüllend und doch ganz anders sieht der soziale Einsatz von Ulrike Köhler aus. In der DDR aufgewachsen, war sie ein Kind des Sozialismus. Sie studierte in Leipzig Landwirtschaft, heiratete, bekam drei Kinder und zog mit ihrem Mann nach Thüringen, ins kleine Dörfchen Volkenroda. Nach der Wende wurde sie arbeitslos. Das stürzte sie in eine Krise, sie fühlte sich wertlos. Ihre Oma hatte ihr mal prophezeit: „Die Not lehrt auch dich noch beten!" Und so kam es auch. In Volkenroda gab es eine alte, einsturzgefährdete Klosterkirche. Ein Schandfleck für das Dorf. Ulrike Köhler ging in diese Kirche und sprach zum ersten Mal seit Langem ein Gebet: „Gott, wenn du mir vergibst und mir hilfst, will ich nicht aufhören zu arbeiten, bis in dieser Kirche wieder gebetet wird." Tiefer Friede erfüllte sie danach, und die Gewissheit: Ich bin angekommen. Gott ist da. Und: Die Erhörung lag schon im Gebet selbst, denn der Aufbau der Kirche wurde von nun an ihr Job und ihre Passion. Man gründete einen Verein, organisierte Baufreizeiten. Geld floss von der Denkmalpflege, es gab EU-Mittel und auch die Landeskirche engagierte sich.

Heute sind die Kirche und die dazugehörigen Gebäude ein Schmuckstück. Drei Mal täglich werden Gottesdienste gefeiert. Menschen, die eine Auszeit brauchen, können Kloster-auf-Zeit in Anspruch nehmen. Ulrike Köhler hat eine Seelsorgeausbildung gemacht und betreut die Kloster-auf-Zeit-Gäste.

Mit der Kirche hat sie sich ein Denkmal gesetzt, denn deren Aufbau wird immer mit ihrem Namen verbunden sein. Aber genauso wichtig ist ihre Arbeit an den Herzen der Menschen, die sie betreut. Ihre Augen leuchten, wenn sie über ihre neue Berufung spricht, sie sagt: „Ich erlebe hier jeden Tag Gottes Handeln."

Eine friedliche Lösung

Manchmal braucht es himmlische Unterstützung, um mit dem Nächsten sozialverträglich zusammenzuleben. Unser neuer Nachbar parkte sein Wohnmobil vor unserem Grundstück. Er brauchte dafür zwei Parkplätze – zum Rangieren. So war der Zugang zu unserem Fahrradschuppen versperrt. Wir kamen mit den Rädern kaum noch raus. „Ruf doch die Polizei oder das Ordnungsamt", schlug ein Freund vor, „er parkt ja auch noch entgegen der Fahrtrichtung." – „Auf keinen Fall", sagte ich, „dann habe ich ihn ja gleich zum Feind. Ich versuche erst mal, mit ihm zu reden." Also passte ich ihn eines Tages ab und schilderte ihm die Situation. Er war total irritiert und reagierte ziemlich unwirsch. Mehrmals fragte er nach, was ich eigentlich von ihm wolle, und nachdem ich ihm alles noch mal erklärt hatte, sagte er barsch: „Also, ich versteh das alles nicht, der Wagen bleibt da stehen, fertig." Er drehte sich um und ging. Ich war total frustriert und rief meine Freundin an, um mich auszuweinen. Während des Telefonats guckte ich aus meinem Arbeitszimmerfenster. Auf einmal sah ich, wie das Wohnmobil herumrangiert und schließlich auf einen anderen Parkplatz gefahren wurde. Dann klingelte es an meiner Haustür. Der neue Nachbar stand davor und sagte: „Ich hab das Wohnmobil jetzt weggefahren, das hab ich nur Ihnen zu Gefallen gemacht." Ich war fassungslos über diese unerwartete Wendung. Hab dann noch eine Weile mit ihm gequatscht und hätte ihm fast noch einen Kaffee angeboten.

Für mich war das eine Sternstunde des Alltags. Ich war sehr berührt. Denn dass der Mann in so kurzer Zeit seine Meinung geändert hat, da muss wohl der Geist Gottes kräftig nachgeholfen haben.

10. Sport gibt Support

„Was hat denn Sport mit Zuversicht zu tun?", fragte unser Lektor bei der Arbeit an diesem Buch. Wir finden, ganz viel. Haben Sie schon mal erlebt, wie gut gelaunt Sie nach einer Stunde Laufen oder Walken waren? Sport hebt nicht nur die Stimmung, er stärkt auch unseren Körper. Und damit unsere Resilienz. Couch-Potatoes dagegen werden schneller depressiv und krank.

„No sports" war Winston Churchills Antwort auf die Frage, welches das Geheimnis seines hohen Alters sei. Die alten Römer dagegen meinten: „Mens sana in corpore sano." – „Ein gesunder Geist wohnt in einem gesunden Körper."

Aber gerade dann, wenn man es am nötigsten gebrauchen könnte, sich zu bewegen, fällt es oft am schwersten, die ersten 30 Zentimeter vom Stuhl hochzukommen.

Smartphone-Daten aus 100 Ländern haben ergeben: Menschen laufen durchschnittlich 5.000 Schritte pro Tag. Jeder 20. schafft allerdings nicht einmal die 3.000 Schritte, die die WHO als Minimum empfiehlt. Eine aktuelle Studie kam zu dem Ergebnis: Erhöhe ich meine tägliche Schrittzahl um 1.000, dann sinkt mein Sterberisiko um 15 %[24]. Dabei ist es egal, wie schnell und in welcher Art man sich bewegt.

Allerdings kann man sich nicht unsterblich laufen. Mehr als 16.000 Schritte pro Tag verbessern die Gesundheit nicht noch weiter.

Wer ständig angespannt ist, dessen Ruhepuls ist oft erhöht. Schon bei geringen Anlässen schlägt das Herz schneller und man atmet auch schneller. Wer dagegen regelmäßig sportlich unterwegs ist, dessen Ruhepuls sinkt innerhalb eines Jahres um etwa 10 %. Das Herz arbeitet dann effektiver und der Blutdruck wird gesenkt. Sport wirkt auch dem Stress entgegen.

In einem hatte Churchill jedoch recht: Wenn Sie Sport als Ausgleich treiben, sollte es Spaß machen. Anderenfalls kann Sport selbst zum Stress werden. Dann sucht man sich lieber etwas anderes. Churchill widmete sich neben den anstrengenden staatsmännischen Aufgaben dem Schreiben und Malen.

Regelmäßig betriebener Sport wirkt so:

Hormone, die unter Stress vermehrt gebildet wurden, werden abgebaut.

Man gewinnt Abstand zu schwierigen Situationen. Oft bekommt man zum Beispiel beim Joggen gute Ideen, wie Probleme zu lösen sind.

Man erlebt, wie Anspannung und Entspannung sich abwechseln. Innere Anspannung wird über die Muskeln abgebaut.

Wer regelmäßig trainiert, wird belastbarer und widerstandsfähiger. Überflüssige Pfunde werden abgebaut.

Das Vertrauen in den eigenen Körper wächst und damit auch das Selbstwertgefühl.

Muskeln und Organe werden besser durchblutet und das Herz wird gestärkt.

Nach neuesten immunbiologischen Untersuchungen fördert Sport die Abwehrkräfte.

Schon nach 30 Minuten joggen werden sogenannte Glückshormone freigesetzt. Diese Endorphine, so vermutet man, bewirken ein natürliches Hochgefühl und machen gute Laune. Marathonläufer erleben das besonders stark während und nach ihrem Lauf.

Jede Sportart, die die Ausdauer trainiert, ist grundsätzlich geeignet. Während der Belastung sollte der Puls bei gesunden Menschen nicht höher liegen als 200 minus Lebensalter. Als Faustregel gilt, dass man sich während der sportlichen Betätigung noch unterhalten können sollte, ohne außer Atem zu kommen. Hier einige Beispiele:

Joggen

Laufen erfordert nur geringe technische Voraussetzungen, nämlich geeignete Sportkleidung, vor allem entsprechend abgefederte Schuhe. Es ist ideal für den Kreislauf, und viele unterschiedliche Muskelbereiche werden trainiert. Dabei steigt die Herzbelastung bei geringem Krafteinsatz, und der Blutdruck steigt nur mäßig.

Beginnen Sie mit kurzen Trainingseinheiten von 2–5 Minuten. Wechseln Sie zu Beginn zwischen Laufen und Gehen. Steigern Sie die Trainingseinheiten langsam von 5 Minuten bis auf 20 bis 30 Minuten. Das Ziel ist, dass Sie schließlich 20 bis 30 Minuten an einem Stück joggen. Das reicht vollkommen aus. Optimal ist es, zwei bis drei Mal pro Woche zu trainieren.

Menschen mit Übergewicht oder Gelenkbeschwerden können mit dem Joggen Probleme haben. Für sie eignet sich als Ausdauersportart besser Walken oder Schwimmen.

Schwimmen

Das Wasser trägt uns. Dadurch werden die Gelenke geschont. Schwimmen entlastet die Rückenmuskulatur, und der Kältereiz des Wassers regt den Kreislauf an. Weil wir horizontal im Wasser liegen und die Hautgefäße dem Wasserdruck ausgesetzt sind, wird dem Herzen vermehrt Blut zugeführt. Bei Menschen mit niedrigem Blutdruck wirkt Schwimmen blutdrucksteigernd.

Der Kältereiz verlangsamt die Herzfrequenz. Das geschieht über Kältefühler im Gesicht und in der Muskulatur. Je kälter das Wasser ist, umso deutlicher ist das zu spüren. Bei einer Wassertemperatur von 24–26 °C sinkt die Herzfrequenz im Schnitt um 5–10 Schläge pro Minute. Schwimmen beruhigt das Herz. Optimal ist es, wenn Sie verschiedene Schwimmarten abwechseln. Zum Beispiel Rückenschwimmen mit Brustschwimmen und gegebenenfalls auch mit Kraulen.

Auch hier beginnen Sie mit kurzen Trainingseinheiten von 5–10 Minuten. Dann legen Sie eine Pause ein. Schließlich steigern Sie die

Einheiten langsam Woche für Woche um 5 Minuten, bis Sie auch hier etwa 20 bis 30 Minuten an einem Stück schwimmen.

Einmal die Woche schwimmen wirkt schon sehr gut auf den Körper.

Radfahren

Auch das Radfahren stellt eine Alternative zum Laufen dar. Radfahren ist besonders geeignet bei Übergewicht und Arthrose. Denn das Körpergewicht wird vom Fahrrad getragen, was die Gelenke entlastet.

Fitnesstraining

In Fitnessstudios gibt es eine große Auswahl an Geräten, um die verschiedenen Muskeln zu trainieren.

Tanzen

Auch Tanzen fördert die Ausdauer. Körper und Seele entspannen. Tanzen verbessert die Körperbeherrschung und fördert das Gefühl für Rhythmus.

Zumba

Eine Mischung aus Aerobic und lateinamerikanischen Tanzelementen, die einfach dem Fluss der Musik folgen. Sehr gutes Ausdauertraining. Beginnen Sie jeweils mit kurzen Übungseinheiten und steigern Sie sich langsam. Trainieren Sie regelmäßig. Ein Mal die Woche ist besser als gar nichts.

Als Letzte auf den zweiten Platz

Und auch beim Sport kann man außergewöhnliche Sternstunden erleben. Wie etwa diese:

Samstagmorgen, Sonnenschein. „15 Uhr: Wieterberglauf“, stand in der Zeitung. Der Wieter ist der Hausberg unserer Kleinstadt Northeim,

329 m hoch. 10 km waren zu laufen, davon 200 m steil bergauf. Mein Mann und ich joggen häufig, meist so um die fünf Kilometer. Spontan sagte ich zu meinem Mann: „Wieterberglauf, das ist doch cool, bei dem tollen Wetter, los, lass uns mitmachen." Gesagt, getan. Wir dachten, es sei eine Art Volksfest mit Massen an Mitläufern. Von wegen. Ganze 17 Läufer waren am Start. Wir waren die Ältesten. Außer uns fast nur durchtrainierte Leistungssportler. Einer flog die Woche drauf gleich als Teilnehmer zur Ironman World Championship nach Florida. Für den waren die 10 km nicht mehr als ein lockerer Erholungslauf, bei dem er noch nicht mal in einen höheren Pulsbereich kommen würde. Wir fühlten uns etwas fehl am Platz zwischen diesen ganzen Sportskanonen. Mir sank das Herz in die Hose. Was für eine Blamage stand uns bevor. Aber die Veranstalter hatten sich so überaus gefreut, dass wir noch gekommen waren – da brachten wir es nicht übers Herz, wieder zu gehen.

Schon gleich nach dem Start zogen die Schnellsten ab. Als wir den Waldrand erreicht hatten, war keiner von unseren Mitläufern mehr zu sehen. Das hatte auch sein Gutes, denn so verspürte man gar nicht erst das Bedürfnis, irgendwen zu überholen. Wir liefen ganz entspannt unser Tempo, es war ja sowieso egal. Mein Mann legte am Schluss einen Spurt ein. Ich kam mit weitem Abstand als Letzte ins Ziel, vor mir wurden schon die Absperrungen abgebaut. Hinter mir fuhr nur noch der Krankenwagen. 61 Minuten. Der Schnellste hatte 37 Minuten gebraucht. Wir tranken etwas und wollten gehen. „Nein, bitte bleiben Sie noch zur Siegerehrung", sagte der Veranstalter. „Siegerehrung?" „Sie sind die zweitschnellste Frau, Sie kriegen eine Medaille", sagte er. Ich lachte. Kein Kunststück, die Zweite zu sein, wenn nur zwei Frauen am Wettkampf teilnahmen. Aber er meinte es ernst. Also stieg ich aufs Treppchen und nahm meine Medaille in Empfang. Am nächsten Tag stand es in der Zeitung. Die Leute in meiner Gemeinde waren begeistert. Alle gratulierten mir zum zweiten Platz.

Mein Lieblingskollege lachte sich kaputt. „Das ist ja der Hammer", sagte er, „ich laufe jedes Jahr 1–2 Marathons, und ich habe noch nie eine Medaille gekriegt. Und du läufst ein Mal und kommst gleich aufs Siegertreppchen und in die Zeitung."

Über diese Sternstunde meines sportlichen Einsatzes amüsiere ich mich immer noch, wenn ich daran denke. Aber sie zeigt ja auch, und das gilt nicht nur für mich: Wer als Letzte durchs Ziel läuft, hat noch lange nicht verloren.

11. Resilienz im Auge des Sturms

Im Januar 2014 flog ich (JWP) mit meiner Tochter Brita im Auftrag der Hilfsorganisation Humedica auf die Philippinen. Dort hatte es im November 2013 einen schweren Wirbelsturm gegeben, einen der stärksten seit Beginn der Wetteraufzeichnungen. Mit Windgeschwindigkeiten von über 300 km/h hatte er weite Teile der Inseln zerstört. Etwa 7.300 Menschen starben. Eine Million Häuser wurden zerstört. Fast alle Kokospalmen zerbrachen. Kokospalmen sind eine Haupteinnahmequelle auf den Inseln.

Brita und ich sollten in der am schlimmsten betroffenen Stadt Tacloban helfen, die Menschen medizinisch zu versorgen.

Schon beim Landeanflug sahen wir das Ausmaß der Verwüstung. Unser Fahrer brachte uns vom Flughafen direkt zum „Mother of Mercy"-Krankenhaus. Die oberste Etage war vom Sturm zerstört worden, ebenso die Intensivstation. Humedica betrieb im Erdgeschoss eine Ambulanz. Täglich behandelten wir ca. 120 Patienten, vom Neugeborenen bis zur 90-Jährigen. Abends fielen wir erschöpft auf unsere Betten: Isomatte, Schlafsack, Moskitozelt. Unsere Mitbewohner waren Ratten, Mäuse und Kakerlaken.

Viele unserer Patienten hatten fast alles verloren. Trotzdem jammerten sie wenig und waren dankbar für jede Hilfe. Das hat uns bewegt. Wir sahen Plakate mit der Aufschrift: *„Thank you for helping. You will always be part of our lives"*. „Danke, dass ihr uns geholfen habt. Ihr werdet immer ein Teil unseres Lebens sein." Einige trugen T-Shirts mit der Aufschrift: *„I survived SUPER TYPHOON YOLANDA"*. „Ich überlebte den Super-Taifun Yolanda." Stark! Sie definierten sich nicht als vom Schicksal Geschlagene, sondern als Survivor – als Überlebende.

Viele Filipinos sind sehr gläubig. Sie vertrauen darauf, dass Gott ihnen auch in Katastrophen hilft. An einem Sonntag besuchten wir in Tacloban einen Gottesdienst. 300 meist junge Leute saßen in einer großen Halle. Der Prediger erzählte von Nehemia aus dem Alten Testament. Er hatte das zerstörte Jerusalem mit Gottes Hilfe wiederaufgebaut. In einer ähnlichen Situation seien sie jetzt, sagte der Pastor, und er betonte: „Alles ist möglich, dem der glaubt."

Widerstandskraft und Zuversicht im Angesicht der Katastrophe: Am Strand lag ein Schiff. Gestrandet, kaputt. Der Wirbelsturm hatte es aufs Land geschleudert. Jemand hatte drei Überlebenssätze auf den Bug geschrieben:

- We will not give up – Wir werden nicht aufgeben.
- We will clean this mess – Wir werden diese Zerstörung aufräumen.
- We will survive – Wir werden überleben.

Was für eine Power. Überlebenswille. Entschlossenheit. Brita und ich waren sehr berührt.

An einer anderen Stelle, inmitten des völlig zerstörten Hafengeländes, saß ein Fischer. Er hatte einen Stand unter freiem Himmel aufgebaut, zwischen lauter Trümmern. Die wenigen Fische, die er gefangen hatte, bot er zum Kauf an. Für uns war dieser Anblick tief bewegend. Wir haben den Mann mit seinem Stand fotografiert. Das Foto hängt seitdem in meinem Arztzimmer. Jeden Tag fällt mein Blick darauf. Wie dankbar kann ich sein für alles, was mir möglich ist. Und wenn Schwierigkeiten auftreten, denke ich an diesen Fischer, der ungebeugt dem Schicksal trotzte.

Auch die Natur lässt sich nicht unterkriegen. Mitten im Chaos eines verwüsteten Strandbades wuchs eine junge Pflanze. Eine Kokospalme. Der dicke Kern steckte halb in der Erde, und daraus drängte ein grüner Spross empor. Ganz von selbst ist er dort gewachsen. Das Leben setzt sich durch. Mich erinnert das an einen Bibelvers. An eine Vision des Propheten Jesaja: „Und es wird ein Reis hervorgehen aus dem Stamm Isais und ein Zweig aus seiner Wurzel Frucht bringen." (Jesaja 11,1)

An Heiligabend wird dieser Bibelvers in den Kirchen vorgelesen. Christen beziehen ihn auf Jesus. Mit ihm ist etwas ganz Neues in die Welt gekommen. Leben, das stärker ist als der Tod.

Das Leben ist schön, wenn du es schön werden lässt

Eddie Jaku überlebte als Einziger seiner Familie das Konzentrationslager Auschwitz unter den Nazis. In hohem Alter hat er eine Autobiografie geschrieben mit dem provozierenden Titel: *„Der glücklichste Mensch der Welt"*.[25] Nach dem Krieg war er zunächst total verzweifelt. Doch als sein Sohn geboren wird, gibt er sich ein Versprechen: Er will jeden Tag lächeln. Für ihn ist es ein Wunder, dass er überlebt hat. Das will er dadurch ehren, dass er glücklich ist, dass er sich aktiv für die Zuversicht entscheidet.

In seiner Autobiografie schreibt er, er könne den Deutschen nicht vergeben und bittet auch andere Überlebende, es nicht zu tun. Aber er habe so viel Liebe und Freundschaft erlebt, dass er den Zorn loslassen konnte.

Eddies Leitspruch ist: „Das Leben ist schön, wenn du es schön werden lässt."

12. Zuversicht am Lebensende

Klingendes Stufenwerk in den Himmel

Keiner rechnete damit, dass der Komponist Georg Friedrich Händel seinen schweren Schlaganfall überleben würde. Und selbst wenn doch: „Arbeiten wird er nie mehr können. Den Musikus haben wir verloren", lautete die düstere Prognose des Arztes.

London, 21. August 1741: Zum Erstaunen aller hatte der 53-Jährige sich komplett wieder erholt. Doch nun steckt er in einer tiefen Depression. Ein kalter Winter, die Theater geschlossen, dann erkranken die Sänger. Händel verdient kein Geld mehr, macht Schulden. Er ist verzweifelt, ihm fällt keine Musik mehr ein, er fühlt sich leer, wie tot. Bleierne Müdigkeit bremst ihn aus. Wäre es nicht besser gewesen zu sterben, statt so zu enden? Verzweifelt irrt er nachts in London herum. Tagsüber traut er sich nicht aus dem Haus, denn die Gläubiger rennen ihm die Bude ein.

Der 21. August war ein unerträglich heißer Tag gewesen. Nachts kehrt Händel von einem seiner trostlosen Streifzüge zurück. Auf seinem Schreibtisch fällt ihm ein Papierstapel ins Auge. Ein Brief von Jennens, dem Dichter, der ihm die Texte für seinen „Saul" geschrieben hatte. Ein neues Manuskript: Der Messias. Unruhig schlägt Händel die erste Seite auf. Und fährt zurück, wie vom Blitz getroffen: „Comfort ye" – Tröstet, steht da als erstes Wort. Es fällt wie für ihn bestimmt in seine ausgehöhlte Seele. Eine Antwort Gottes für sein erstarrtes Herz. Magisch angezogen liest er das ganze Manuskript durch, sieht sein eigenes Leben darin abgebildet. „Dunkelheit bedeckt die Erde", genau so war es ihm ergangen. „Er war verachtet", das hatte er am eigenen Leibe erlebt, wie die Menschen ihn in seiner Armut verhöhnten. „Und der Engel des

Herrn trat zu ihnen", ja, auch zu ihm war er gekommen und hatte ihn angerührt. „Er vertraute Gott, und Gott ließ seine Seele nicht in der Hölle", das konnte er auf einmal spüren, neue Energie beflügelte ihn. Und dann die strahlende Gewissheit: „Ich weiß, dass mein Erlöser lebt." Dies wollte er nun bezeugen, alle Stimmen der Erde zusammenfassen im „Halleluja", Gott loben, jubeln, danken.

Über dem Lesen kommen die Töne zurück, Melodien erfüllen seinen Kopf, es drängt aus ihm heraus. Er setzt sich an den Schreibtisch, ein Getriebener, er kann nicht mehr aufhören zu komponieren, isst und schläft kaum und schreibt, unfassbar, den ganzen Messias in knapp drei Wochen fertig. Am 14. September lässt Händel die Schreibfeder fallen, steht vom Schreibtisch auf und schläft einen ganzen Tag und eine Nacht durch. Dann ist seine Lebenskraft zurückgekehrt, er ist dynamischer denn je. „Oh Tod, wo ist dein Stachel, Hölle, wo ist dein Sieg?" „Sie haben ja den Teufel im Leibe", sagt sein Arzt fassungslos. Und Händel bekennt: „Ich glaube, dass Gott mit mir gewesen ist."

Am 13. April 1742 wird Händels Messias in Dublin uraufgeführt.

Händel lebte und komponierte noch 18 Jahre mit ungebrochener Schaffenskraft. Aber sein Lieblingsstück blieb der Messias. Mit ihm wollte er auch Abschied nehmen. Am 6. April 1759 – er fühlte sein Ende nahen – ließ er sich, inzwischen erblindet, zu einer Aufführung nach Covent Garden führen. „Erhebt eure Häupter" – sein Gesicht fing an zu leuchten, als ihm Trost und Glaubensgewissheit aus Hunderten von Kehlen entgegengesungen wurde. „Amen", es war, als ob die Engel es mitsangen, ein klingendes Stufenwerk in den Himmel bauten. Erschüttert führten die Freunde den Schwerkranken nach Hause. Eine Woche später, am Karsamstag 1759, starb er.

Nie hat Händel Geld für die Aufführung des Messias genommen. Jahr für Jahr ließ er den Erlös einem Krankenhaus zukommen. Er verdanke dies Werk nicht sich selbst, sondern stehe einem anderen dafür in Schuld, sagte er als Begründung.

„Sternstunden der Menschheit“ heißt das Buch von Stefan Zweig, in dem er Händels Geschichte erzählt. Sein Bericht trägt die Überschrift: „Georg Friedrich Händels Auferstehung“.[26]

Demenz ist kein Stoppschild

Und wie ist das, wenn Menschen im Alter dement werden? Wo kann da Zuversicht herkommen?

Ich mache einen Geburtstagsbesuch in meiner Gemeinde. Frau Schmidt wird 80. Ich klingele an der Haustür, will ihr gratulieren. „Sie ist im Heim“, sagt der Schwiegersohn, „aber da brauchen Sie nicht hinzugehen, sie ist dement und kriegt nichts mehr mit.“ Ich fahre trotzdem hin. Im Zimmer der Jubilarin sitzt eine Freundin. „Wir beide sind früher immer zum Chor gegangen“, erzählt sie, „und gerade haben wir schon ein paar Lieder gesungen.“ – „Oh, das ist ja super“, sage ich, „vielleicht können wir auch was zusammen singen. Wie wäre es mit ‚Großer Gott, wir loben dich‘?“ Klar, das kennen sie. Beide singen kräftig mit. Bei Strophe drei hört es bei mir auf. Aber die beiden Damen singen unbeirrt weiter, auch den letzten Vers: „Auf dich hoffen wir allein, lass uns nicht verloren sein.“ Ich bin beeindruckt. Die können das alles auswendig. Was für ein großer Schatz in ihren Herzen. Am Ende meines Besuchs denke ich: Wenn das so gut geklappt hat mit dem Singen, kann ich es ja auch mal mit dem Vaterunser versuchen. Und wirklich, das ist gar kein Problem. Wir drei sprechen es laut miteinander. Ich fühle mich irgendwie beschenkt.

Ein paar Tage später treffe ich die Freundin in der Stadt. Sie erzählt mir: „Als Sie weg waren, hat Frau Schmidt zu mir gesagt: Wir müssen mal wieder in die Kirche gehen.“ Ich muss schmunzeln. Was für eine Sternstunde. Denn ich merke: Für Gott ist auch Demenz kein Stoppschild.

„Ich sterbe nicht am Krebs"

Das Interview zog einem glatt die Schuhe aus: ARD-Themenwoche über Glück. Anke Engelke spricht mit dem 11-jährigen Tobi, der bald an Leukämie sterben wird. „Warum heulst du nicht?", fragt sie, und der Junge antwortet: „Man muss einfach alles positiv sehen." Engelke: „Aber dass du nicht mehr weiterleben darfst, kann ich nicht positiv sehen." Tobi konstatiert nüchtern: „Für manche ist das Leben eben schneller vorbei, für andere nicht."

Mich hat's umgehauen. Ein 11-jähriges Kind!

Das oberflächliche Thema Glück bekam Kontur. Tobis Mutter, befragt, wie sie mit dem bevorstehenden Tod ihres Sohnes umgeht, sagt: „Wir bringen ihn friedlich in den Himmel, das ist der neue Plan. Wir schaffen uns bewusst schöne Momente. Und ich kann durchaus sagen, in diesem Rahmen: Ja, ich bin glücklich."

„Wir bringen ihn friedlich in den Himmel." Es gibt ein Leben jenseits unserer irdischen Grenzen. Im Himmel, bei Gott. Dieses Ziel trägt Tobis Mutter durch die schwere Zeit.

Wie können Menschen zuversichtlich werden im Leid, im Angesicht des Todes?

Vielen hilft es, sich bewusst damit abzufinden: „Mein Leben ist endlich, ich werde bald sterben". Sie regeln ihre Angelegenheiten, verabschieden sich bewusst von Angehörigen und Freunden. Manche schreiben auf, wie sie sich ihre Beerdigung wünschen. Inzwischen ist es häufig angesagt, sich im Friedwald beerdigen zu lassen, unter einem Baum. „Ich stelle mir vor, dass meine Asche in der Erde mit den Wurzeln verbunden wird und ich in dem Baum irgendwie weiterlebe, das finde ich schön", sagt meine Freundin. Andere denken, dass sie in ihren Kindern weiterleben, in allem, was sie ihnen an Gutem mitgegeben haben. Oder in der Erinnerung der Menschen, von denen sie geliebt wurden.

Bei Ellen Naumann war es ihr christlicher Glaube, der ihr Zuversicht gab.

Elf Jahre leiteten Ellen und Rüdiger Naumann ein christliches Begegnungszentrum in Südniedersachsen. Ellen stammte aus der Nähe von Chemnitz. Ihre Eltern gingen nur an besonderen Feiertagen in die Kirche. Sie wurde als Baby getauft, feierte Jugendweihe und wurde konfirmiert. Zu Gott fand sie jedoch erst als junge Erwachsene. Mit 26 Jahren lernte sie Rüdiger kennen, einen Witwer mit zwei kleinen Kindern. Der Glaube an Jesus verband sie beide. Ellen und Rüdiger heirateten, bekamen noch vier weitere Kinder. Die Aufgabe im Begegnungszentrum sahen sie als ihre gemeinsame Berufung. Mit großem Tatendrang gingen sie die Arbeit dort an. Vieles musste erst mal renoviert und erneuert werden in dem alten Schloss. Freiwillige Helfer packten mit an, manche nahmen sogar extra Urlaub dafür. Das lief gut, bald konnten Schulungen stattfinden, Eheseminare, Kurse über den Glauben. Besonders an den Wochenenden war das Schloss häufig ausgebucht, und der Betrieb schrieb schwarze Zahlen. Allerdings wurden die meisten Mitarbeitenden durch ihre eigenen Freundeskreise finanziert. Es mussten also kaum Gehälter gezahlt werden. Naumanns steckten viel Herzblut in die Arbeit. Sie freundeten sich auch mit den Menschen im Dorf an. Ich war Pastorin im Nachbarort, und über mehrere Jahre organisierten wir zusammen Kinderbibelwochen mit über 60 Teilnehmenden. Die Kinder liebten Naumanns, und sie liebten den riesigen Schlossgarten und den verwunschenen Keller. Für mein Team und mich war es eine bereichernde Zusammenarbeit.

Aber nach elf Jahren beschloss der Träger des Begegnungszentrums: „Auf lange Sicht ist es nicht zu finanzieren. Es muss aufgegeben werden." Für Ellen und Rüdiger war das bitter. Sie hatten sich mit Leib und Seele dafür eingesetzt, so viel Liebe hineingesteckt. Sie waren dort verwurzelt, ihre Kinder da aufgewachsen, und nun hieß es für sie: umziehen, neue Arbeit suchen, wieder irgendwo bei null beginnen. Alles auf Anfang.

Doch es kam noch schlimmer: Eines Tages ging Ellen wegen heftiger Bauchschmerzen zum Arzt. Die vermutete Magen-Darm-Grippe entpuppte sich als Eierstockkrebs im fortgeschrittenen Stadium. Operation, Chemotherapie, nach anderthalb Jahren ein Rezidiv, wieder Chemo.

Wie hielt sie das aus, die berufliche Ungewissheit, und die Krankheit, an der sie womöglich sterben würde? „Ich habe deutlich gespürt: Gott ist mir mit seinem Frieden nahe“, sagte die 55-Jährige, als ich sie besuchte. „Und dann ist mir bewusst geworden: Ich sterbe nicht am Krebs. In Psalm 139 steht: ‚Alle Tage waren in dein Buch geschrieben.‘ Das tröstet mich. Nicht der Krebs verkürzt meine Zeit. Ich sterbe am Willen Gottes, und deshalb, ob früh oder spät, wird es ein erfülltes Leben gewesen sein.“

Es war ein Auf und Ab. Über fünf Jahre ging das so. Wegziehen war kein Thema mehr. Rüdiger fand einen Job in der Nähe. Die Abstände zwischen Ellens Chemos wurden kürzer. Irgendwann war auch das ausgereizt. Der Onkologe schlug Ellen eine weitere Chemo vor. Im besten Fall hätte die ihr noch ein paar Monate geschenkt. Ellen lehnte ab. Sie wollte sich jetzt darauf einstellen, dass ihr irdisches Leben zu Ende ging. Die Kinder kamen, sooft sie konnten. Ellen schrieb jedem von ihnen einen Abschiedsbrief: In dem standen Sätze wie: „Das habe ich an dir geschätzt … das kannst du besonders gut …“ Und ein persönlicher Segen für jedes Kind. „Die letzten vier Wochen waren schlimm“, sagt Rüdiger Naumann. „Wir wurden palliativ sehr gut betreut. Und Ellen war auch bis zuletzt geistig klar. Aber der körperliche Verfall schritt rasant fort. An einem Tag konnte sie noch die Kaffeetasse halten, am nächsten fiel sie ihr aus der Hand.“ Doch nie verlor Ellen ihre Hoffnung auf ein ewiges Leben bei Gott. „Was wir anderen vom Glauben erzählt hatten, das musste sich jetzt bei uns selbst bewähren“, sagt Rüdiger. „Und das tat es. Wir spürten: Dieses Fundament trägt.“ Jeden Tag feierten sie am Krankenbett Abendmahl. Das half ihnen, die Nähe Gottes mit ihren Sinnen zu fühlen, zu sehen, zu schmecken. „Sterben, um zu leben“ – das war Ellens Zuversicht. Als es dann zu Ende war, kam die Ärztin, um den Totenschein auszustellen. Sie sah Ellen an und sagte zu Rüdiger: „Gucken Sie mal, Ihre Frau lächelt.“

Schluss – Zwölf Bausteine für mehr Resilienz

Häufig werden wir gefragt: Könnt ihr nicht mal kurz in ein paar Tipps zusammenfassen, was in eurem Buch steht? Am besten auf einer Karte, die man sich irgendwo hinstellen kann?

Ich (LP) zögere da ein bisschen, denn kurze Tipps klingen ja oft so banal. Wie ein Rezeptbuch. Mir gefällt das Wort „Bausteine" besser, denn es lässt mehr Spielraum für eigene Kreativität.

Und wer nun unser Buch gelesen hat, der kann bei Bedarf die entsprechenden Seiten noch mal nachschlagen. Hier sind sie also, entlang an den zwölf Kapiteln: unsere zwölf Bausteine für mehr Resilienz.

1. Gehe auf Sinnsuche: Was gibt deinem Leben Sinn? Was könntest du tun, um den Sinn zu erhöhen?

2. Erinnere dich an deine Sternstunden. Was waren besondere Ereignisse oder Momente, die deine Augen zum Leuchten bringen, wenn du dich daran erinnerst?

3. Lenke deine Gedanken auf das, was du schon geschafft hast und was du gut kannst. Dann erscheinen deine Probleme kleiner: Du machst den Elefanten zur Mücke.

4. Nutze das Unerwartete, und mache etwas aus den Zufällen, die dir begegnen.

5. Trau deinen Kindern Verantwortung zu. Erlaube ihnen, ihre Probleme selbst zu lösen.

6. Plane mehrere Kurzurlaube und einen längeren Urlaub pro Jahr ein.

7. Gehe vor Mitternacht ins Bett und schlafe 7–8 Stunden. So gibst du deinem Körper die Möglichkeit zu regenerieren und deinem Gehirn die Chance aufzuräumen.

8. Trainiere dein Gehirn darin, zuversichtlich zu denken. Es wird dann immer besser darin. Nimm dir jeden Morgen drei Dinge vor, wie du deinen Tag positiv beeinflusst.

9. Tu jede Woche etwas für andere – es macht dich glücklich.

10. Treibe drei Mal pro Woche für 30 Minuten Sport.

11. Entscheide dich, auch in Krisen mindestens einmal pro Tag zu lächeln.

12. Mache dir bewusst, dass dein Leben endlich ist. Regele beizeiten deine Angelegenheiten. Schließe Frieden mit deinen Angehörigen und, wenn du nicht gläubig bist, mit Gott.

Quellen

1 Chrismon 09/2023, S. 26.

2 Stefan Zweig, Sternstunden der Menschheit, S. Fischer Verlag GmbH, Frankfurt am Main, 1991.

3 Viktor Frankl, Trotzdem Ja zum Leben. Ein Psychologe erlebt das Konzentrationslager. Erstauflage 1946, Taschenbuch 2018, Penguin Verlag.

4 Tatjana Schnell: Psychologie des Lebenssinns, 2. Auflage 2020, Springer Verlag, Berlin, S. VI.

5 Theodor und Angela Seifert: So ein Zufall. Synchronizität und der Sinn von Zufällen, Herder Verlag 2001.

6 Michael Ende, Momo, K. Thienemanns Verlag, Stuttgart 1973, S. 146-147.

7 Roy Baumeister und John Tierney, Der wohlige Blick zurück in: Psychologie heute, compact Heft 70, 2022, S. 63.

8 „Wer nur den lieben Gott lässt walten", Text: Georg Neumark.

9 Max Frisch, Mein Name sei Gantenbein, Frankfurt 1998, Suhrkamp, S. 49.

10 Max Frisch, Mein Name sei Gantenbein, Frankfurt 1998, Suhrkamp, S. 51-52.

11 Ben Furmann: „Es ist nie zu spät, eine glückliche Kindheit zu haben", borgmann publishing GmbH, Dortmund, 3. Auflage 2001, S. 50.

12 Mark Twain: „Die Abenteuer des Tom Sawyer", Dressler, 5. Auflage 2018.

13 Epiktet, Handbüchlein der Moral, Reclam, Stuttgart 1994, S.11.

14 Evangelisches Gesangbuch, Nr. 482.

15 Christian Busch sprach dazu auf dem Online-Resilienz-Kongress 2023

16 Anne Koark, Zurück auf Start. Mein neues Leben nach der Insolvenz, Eichborn Verlag, 2010.

17 Dr. med. Martin Schlott, „Erfolgsfaktor Schlaf". In seinem Buch über Schlaf gibt der Anästhesist und Notarzt viele hilfreiche Tipps zu einem erholsamen besseren Schlaf. Ariston Verlag München, 2021.

18 Aaron Antonovsky, Salutogenese: zur Entmystifizierung der Gesundheit, Tübingen 1997. Original in Englisch: Unraveling the Mystery of Health – How People Manage Stress and Stay Well, San Francisco 1987.

19 ALS ist eine Erkrankung des zentralen Nervensystems, ähnlich wie die Multiple Sklerose

20 z. B. Eine kurze Geschichte der Zeit, aktualisierte Auflage 2023.

21 Joachim Bauer, Das empathische Gen. Humanität, das Gute und die Bestimmung des Menschen, Herder Verlag, Freiburg, 2021, S. 30.

22 Kim und Kollegen zitiert in: Joachim Bauer, Das empathische Gen. Humanität, das Gute und die Bestimmung des Menschen, Herder Verlag, Freiburg 2021, S. 106

23 Joachim Bauer, Das empathische Gen, S. 162

24 *European Journal of Preventive Cardiology*, zwad229 vom 09.8.2023

25 Eddie Jaku, Der glücklichste Mensch der Welt. Ein hundertjähriger Holocaust-Überlebender erzählt, warum Liebe und Hoffnung stärker sind als Hass, Knaur Verlag 2021.

26 Stefan Zweig, Sternstunden der Menschheit, S. Fischer Verlag GmbH, Frankfurt am Main 1991, S. 66-89.

Von denselben Autoren:

Mutig Grenzen setzen
mit gutem Gewissen

ISBN Buch 978-3-7655-2127-0
ISBN E-Book 978-3-7655-7644-7
144 Seiten

„Immer wieder bittet meine Freundin mich um Geld. Dabei hat sie einen guten Job. Ich verstehe das nicht. In letzter Zeit nimmt das echt überhand. Mein Verstand sagt, ich muss das jetzt mal lassen. Aber mein Herz schreit: Dann bist du ein schlechter Mensch!"

Grenzen ziehen und dabei ein gutes Gewissen haben – das kann ganz schön schwer sein. Dieses Buch erzählt, wie es gelingt.

Manche jedoch leiden stark darunter, dass ihre Grenzen bereits rücksichtslos überschritten wurden. Sie werden hier ermutigt: Es gibt Hoffnung trotz verletzter Grenzen.

„Luitgardis Parasie und ihr Mann Dr. Jost Wetter-Parasie haben die Gabe, auch schwierige ethische Fragen mit Fingerspitzengefühl und Augenzwinkern aufzugreifen."

Jan von Lingen, Superintendent und langjähriger NDR-Radiopastor

„Wie Beziehungen und Grenzen zusammen hängen, Liebe und Identität, Nähe und Selbstbestimmung – das lesen Sie in diesem Buch. Ein wichtiger Beitrag, besonders für Menschen, die Liebe manchmal mit lieb sein verwechseln."

Dr. Ulrich Giesekus, Professor für Psychologie und Beratung (Intern. Hochschule Liebenzell)